_____ 님의 소중한 미래를 위해

이 책을 드립니다.

귀스타브 르 봉의 군중심리

군중의 심리와 행동에 대한 날카롭고도 위대한 통찰

귀스타브 르 봉의
군중심리

귀스타브 르 봉 지음 | 정영훈 엮음 | 이나래 옮김

메이트북스

메이트북스 우리는 책이 독자를 위한 것임을 잊지 않는다.
우리는 독자의 꿈을 사랑하고,
그 꿈이 실현될 수 있는 도구를 세상에 내놓는다.

귀스타브 르 봉의 군중심리

초판 1쇄 발행 2025년 2월 15일
지은이 귀스타브 르 봉 **｜ 엮은이** 정영훈 **｜ 옮긴이** 이나래
펴낸곳 (주)원앤원콘텐츠그룹 **｜ 펴낸이** 강현규·정영훈
등록번호 제301-2006-001호 **｜ 등록일자** 2013년 5월 24일
주소 04607 서울시 중구 다산로 139 랜더스빌딩 5층 **｜ 전화** (02)2234-7117
팩스 (02)2234-1086 **｜ 홈페이지** matebooks.co.kr **｜ 이메일** khg0109@hanmail.net
값 12,000원 **｜ ISBN** 979-11-6002-925-3 03100

『군중심리』는 사회심리학에 관한 모든 책 가운데
가장 큰 영향력을 지닌 책이다.

- 고든 올포트(하버드대학교 교수, 인격심리학의 권위자) -

군중심리를 무섭도록 치밀하게 통찰한 고전!

『군중심리』는 출간된 지 백 년도 더 된 책이다. 유행이 한 달도 채 지속되지 못하는 21세기에 귀스타브 르 봉이 우리에게 과연 어떤 가르침을 줄 수 있을까? 시대 배경만 생각해봐도 혁명, 왕정복고와 전쟁이 연속적으로 터져 나왔던 혼돈 그 자체의 19세기 후반 유럽 사회는 2025년 대한민국의 상황과는 너무 동떨어져 있지 않나?

하지만 서로 다른 사회, 문화, 어쩌면 시대까지도 연결하는 다리가 되어야 하는 것이 바로 번역사의 사명 아닌가? 내가 해야 할 일은 명확했다. 원작자의 사상과 의도를 왜곡하지 않으면서도 독자들이 내용을 납득할 수 있도록 최대한 적절한 어휘를 선택하고 문장을 구성하는 데 전념했다. 그리고 현대의 독자들이 좀 더 편하고 쉽게 내용을 이해하는 데 도움을 주고자 원문에서 필요한 내용을 발췌해 초역했다.

이 책이 단지 옛날에 살았던 외국인 철학자가 쓴 구태의연한 책에 불과했다면 시대정신도, 생활 방식도, 우선 가치도 완전히 달라진 지금까지 세계 곳곳에서 여러 개정판을 거치며 계속해서 '영원한 필독서'로 손꼽히진 않았을 것이다. 고전은 고전인 이유가 있다. 여러 가지 한계점에도 불구하고 『군중심리』는 현시대에도 사회와 인간에 대한 깊은 고찰을 제공하며, 무엇보다도 군중이라는 '틀' 속에서 사회 구성원의 모습을 이해하는 데 큰 도움을 주는 매우 귀중한 자료다.

『군중심리』는 처음부터 끝까지 "군중의 감정과 행동이 개인의 합리적 판단을 넘어설 수 있다"고 경고한다. 인터넷에 정보가 넘치고, 심지어는 필요한 정보를 직접 찾지 않아도 인공지능이 정리해주는 현재에도 여전히 적용되는 통찰이다. 현대의 소셜미디어를 통해 우리는 좋은 방향으로든 나쁜 방향으로든, 군중심리가 작용해 사회에 큰 파문을 일으키는 광경을 목격하기도 하고, 참여하기도 한다.

르 봉이 설명한 '군중의 동조성'이나 '감정 전염'은 오늘날

바이럴 콘텐츠나 집단적인 행동, 예를 들면 온라인 여론 형성이나 급격한 소비 트렌드에서 쉽게 관찰할 수 있다. 이처럼 인류의 심리를 관통하는 보편적인 철학은 백 년이 아니라 천 년이 지나도 많은 시사점을 준다. 정말 신기하지 않은가?

요즈음 허위 정보가 넘쳐나 사람들을 현혹하고, 특정인, 특정 사상을 대상으로 한 혐오가 지나칠 정도로 과열되어 갈등을 일으키고, 심지어 비극적인 일로까지 이어지는 일이 허다하다. '혐오의 시대'라고 불리는 지금, 그 어느 때보다도 집단심리를 깊이 이해하고 그 영향력을 긍정적인 방향으로 활용하는 것이 중요해 보인다.

또한 군중심리는 현대 정치, 광고, 미디어의 설득 전략과도 밀접하게 연관된다. 특히 연설, 브랜드 스토리텔링, 심리적 트리거 등을 분석할 때 르 봉의 연구는 여전히 유효하다. 즉 군중심리의 작동 원리를 이해하는 데 이 책은 유의미한 시각을 제공한다.

군중심리를 이해하는 일이 소수 엘리트의 전유물이 되어서는 안 된다고 생각한다. 민주주의가 자리 잡고 발전해가고 있는 이 시대의 주역은 민중, 즉 우리 모두다. 그러므로 군중심리를 이해해 부정적인 측면은 경계하고, 긍정적인 가능성에 더욱 힘을 실어줘야 한다. 따라서 르 봉의 주장을 맹목적으로 따르기보다는 현대의 맥락에서 재해석하고 그 한계를 인식하며 보완적으로 접근할 필요가 있다. 르 봉의 관점과 현대적 연구를 결합한다면, 우리는 군중심리에 대한 이해를 바탕으로 현재 직면하고 있는 여러 가지 사회문제에 더 효과적으로 대응할 수 있을 것이다.

아무쪼록 이 책이 독자들에게 단순한 지식 전달을 넘어, 인간과 사회에 대한 깊은 성찰을 제공하는 계기가 되기를 기대한다. 개인적인 바람을 조금 더하자면, 이 책을 통해 고전은 무조건 고리타분하고 지루하다는 편견을 조금이나마 깰 수 있기를 바란다.

백 년 전과는 완전히 달라진 세상 속에서도 여전히 변하지 않은 인간 본성을 발견하고, 공통점과 차이점을 비교해보는 재미도 함께 느꼈으면 좋겠다. 새로운 깨달음은 바로 이러한 과정을 통해 자연스럽게 찾아올 것이다.

옮긴이 이나래

차례

1부

군중의 정신

2부
군중의 견해와 믿음

군중의 다양한 유형 분류와 묘사

무의식의 지배를 받는 군중

현상의 본질을 밝히고자 하는 학자는 자신의 연구나 발견이 특정 이해관계와 충돌할 수 있다고 하더라도 거리낌이 없어야 한다. 저명한 사상가인 고블레 달비엘라는 최근에 발표한 저서에서 자신은 '동시대의 그 어떤 학파에도 속해 있지 않기 때문에 때로는 모든 학파에서 주장하는 결론과 대립각을 세우게 될 때가 있다'고 밝혔다. 이 책 또한 비슷한 평가를 받을 만한 가치가 있길 기대해본다. 학파에 소속되면 어쩔 수 없이 그 학파의 선입견과 편견에 동조할 수밖에 없게 된다.

먼저 독자들에게 내 연구를 처음 접했을 때 자연스럽게 예상할 수 있는 내용과는 완전히 다른 결론이 도출된 이유가 무엇인지 설명해야 할 것 같다. 예를 들어 학식 높은 사람들이 모였다고 해도 군중은 정신적으로 극히 취약한 상태일 수밖에 없다. 이러한 사실을 입증했는데도 이 조직 구조에 손대는 것은 위험할 수 있다고 주장하는 이유가 무엇인지 밝히겠다.

역사적 사건들을 주의 깊게 관찰하다 보면 항상 같은 결론에 도달하게 된다. 사회 조직이란 모든 생명체의 구조만큼이나 복잡하기 때문에 우리의 힘으로는 절대로 갑작스럽게 그 본질을 변화시킬 수 없다는 결론 말이다.

세상은 때로 본질적인 변화를 겪기도 하지만 그 변화는 결코 우리가 바라는 대로 이루어지지 않는다. 그렇기 때문에 이론적으로는 완벽해 보일지라도 대대적인 개혁을 맹목적으로 추구하게 되면 해당 민족은 파국을 맞이할 수밖에 없다. 개혁은 민족의 정신을 단번에 바꿀 수 있을 때나 유용한 법이다. 하지만 그런 힘은 오직 시간만이 가지고 있다. 인간을 좌지우지할 수 있는 것은 오직 내면에 존재하는 사상, 감정 그리고 관습이다. 인간 정신의 발현이자 욕구 표출의 결과물이 바로 제도와 법이다. 따라서 우리의 정신으로부터 만들어진 제도와 법은 우리의 정신을 바꿀 수 없다.

사회 현상에 대한 연구와 그 근원인 민족에 관한 연구는 병행될 수 없다. 철학적 관점에서 사회 현상은 절대적인 가치를 지니지만, 실제로는 상대적인 가치를 지닐 뿐이다. 따라서 사회 현상을 연구할 때는 서로 다른 두 가지 측면을 차례대로 들여다봐야 한다. 그러면 순수이성과 실천이성의 가르침이 상반되기도 한다는 것을 알 수 있다. 이러한 현상이 적용되지 않는 경우는 거의 없다. 설령 물리학 자료라고 해도 마찬가지다.

　절대적인 진실이라는 관점에서 보면 정육면체와 원은 특정한 공식으로 정확하게 정의할 수 있는, 즉 변하지 않는 형태를 가진 도형이다. 하지만 우리 눈에는 이 두 도형이 매우 다양한 형태로 보일 수 있다. 실제로 각도에 따라 정육면체는 피라미드나 정사각형으로, 원은 타원이나 직선으로 보이기도 한다. 그런데 이렇게 겉으로 보여지는 형태를 탐구하는 일이 실제 형태를 살펴보는 일보다 훨씬 중요하다. 우리가 실제로 본 모습만이 사진이나 그림으로 남길 수 있는 유일한 모습이기 때문이다. 이처럼 때에 따라 비현실이 현실보다 더욱 실재에 가깝기도 하다. 사물을 묘사할 때 기하학적 형태를 완벽하게 재현하는 데만 집착하면 오히려 우리가 실제로 보는 모습과는 동떨어지게 되기 때문에 본래의 모습을 알아볼 수 없게 만든다.

사물을 만져볼 수는 없고 오직 모사하거나 사진만 찍을 수 있는 세상에서 산다고 가정해보자. 사람들은 사물의 형태를 정확하게 파악하는 데 큰 어려움을 겪을 것이다. 오직 소수의 학자만이 정확한 기하학적 형태에 관심을 가질 뿐, 일반 대중에게는 그다지 중요한 사안이 아니다.

사회 현상을 연구하는 철학자들은 사회 현상이 이론적 가치 외에도 실질적인 가치를 지니며 문명의 진화라는 관점에서는 이 실질적 가치만이 중요하다는 사실을 명심해야만 한다. 이와 같은 사실을 알고 있는 철학자라면 처음에는 자신에게 강요되는 것처럼 느껴지는 사회적 법칙에 근거해 도출된 결론을 신중하게 검토해야만 한다.

철학자들이 신중해야 하는 이유는 이밖에도 많다. 사회 현상은 매우 복잡하기 때문에 전체적인 그림을 한 눈에 파악하고, 서로 주고받는 영향이 어떤 결과를 낳게 될지 예측하는 것이 불가능할 정도이기 때문이다. 게다가 보이는 현상들 이면에 때로는 수천 가지의 보이지 않는 원인들이 숨어 있기도 하다.

마찬가지로 눈으로 볼 수 있는 사회 현상도 우리가 분석하려 해도 이해할 수 없는 거대한 무의식이 작용한 결과일 수 있다. 우리가 인지할 수 있는 사회 현상은 파도에 비유할 수 있다.

바다 깊은 곳에서 우리가 알지 못하는 파란이 발생하더라도 수면 밖으로 드러나는 건 잔잔하게 일렁이는 파도뿐이다.

　군중의 행동 대부분에서 관찰되듯이 군중은 대체로 유난히 열등한 정신구조를 드러낸다. 하지만 때때로 예전에는 운명, 자연, 섭리로 불렸고, 오늘날에는 죽은 자들의 목소리라고 일컬어지는 불가사의한 힘에 군중이 이끌려 움직이는 것처럼 보이기도 하는데, 그 힘의 본질은 알 수 없더라도 그 위력만큼은 무시할 수 없다. 민족 안에 그들을 인도하는 잠재적인 힘이 내재되어 있는 것 같은 느낌이 들기도 한다.

　언어가 그렇다. 언어보다 복잡하고, 더 논리적이면서 경이로운 체계가 또 있을까? 이토록 정교하고 치밀하게 조직된 언어가 어디에서 나왔을까? 생각해보면 답은 군중의 무의식밖에 없다. 가장 학식이 높은 학파, 가장 인정받는 문법학자도 언어를 지배하는 법칙만 간신히 기록으로 남길 수 있을 뿐 절대로 언어를 창조하지는 못한다. 위대한 인물들의 천재적인 사상도 오롯이 그들만의 작품이라고 확신할 수 있는가? 물론 이러한 탁월한 사상들이 언제나 홀로 사색을 즐기는 고독한 영혼으로부터 나온다는 사실에는 의심의 여지가 없다. 하지만 사상이 싹틀 수 있도록, 수천 개의 작은 먼지 알갱이처럼 모여 토양을 이룬 건 군중의 정신이 아닐까?

확실히 군중은 항상 무의식의 지배를 받는다. 하지만 이 무의식이 아마 그들이 가진 힘의 비밀 중 하나일지도 모른다. 자연에서 오직 본능에만 의존하는 존재가 경이로울 정도로 복잡한 행동을 보여줄 때 우리는 경탄을 금치 못한다. 이렇게 보면 이성은 인류에게 너무나 낯선 능력이다. 또한 우리에게 무의식의 법칙을 깨닫게 하거나 무의식을 대체하기에는 너무나 불완전하다. 우리의 모든 행동에서 무의식이 차지하는 비중은 어마어마하지만 이성의 비중은 미미하다. 무의식은 여전히 미지의 힘처럼 작용한다.

따라서 만약 우리가 과학으로 밝혀낼 수 있는 현상의 좁지만 확실한 경계선 안에 머물고 싶다면, 막연한 추측과 근거 없는 가설의 영역 속에서 방황하지 않으려면, 접근할 수 있는 현상들만 관찰하고 그렇게 검증된 사실에 집중해야 한다. 하지만 우리가 관찰을 통해 도출한 결론은 대부분 미숙하기 그지없다. 왜냐하면 우리 눈에 잘 보이는 현상 뒤에는 우리가 제대로 보지 못하는 부분이 있고, 심지어는 그 뒤에도 우리가 아예 보지 못한 부분이 존재할지도 모르기 때문이다.

군중의 시대에 대하여

　문명을 변화시킨 사건에 앞서 일어난 거대한 격변들, 예를 들어 로마 제국의 붕괴와 아랍 제국의 창건은 언뜻 처음 봤을 때는 이민족의 침략이나 왕조의 교체와 같은 주요 정치적 변화가 원인인 것처럼 보인다. 하지만 이러한 사건들을 조금 더 면밀하게 분석한 연구에 따르면 겉으로 드러난 원인들 뒤에는 대체로 민족이 지닌 사상의 근본적인 변화라는 실질적인 이유가 존재한다.

　역사에서 진정한 격변은 규모와 폭력성으로 우리를 놀라게 하는 사건과는 다르다. 문명을 완전히 뒤바꾸는 중요한 변화는 오직 사상과 관념 그리고 신념의 영역에서 일어난다. 역사에 기록될 만한 사건들은 눈에 보이지 않는 사고의 변화가 일으킨 가시적 결과다. 이처럼 중대한 사건들이 극히 드물게 발생하는 이유는 단지 민족에게 있어 조상으로부터 대대로 전해 내려온 사고의 토대가 그만큼 안정적이기 때문이다.

　우리가 살아가고 있는 이 시대 역시 인류의 사상이 변화하는 길목에 서 있는 중요한 시기다.

　이러한 변화의 기본 바탕에는 두 가지 핵심 요인이 있다. 첫째, 우리가 누려온 문명의 모든 요소를 만들어낸 종교적, 정치적, 사회적인 신념이 해체되었고, 둘째, 현대 과학과 산업에서 발견해 낸 새로운 지식을 통해 인류가 살아가고 생각하는 방식이 완전히 달라지면서 새로운 삶의 조건과 사고 체계가 형성되었다.

　과거의 사상은 반쯤 와해되었다고 하더라도 여전히 강력한 영향력을 발휘하고 있는 데다, 그 자리를 대체해야 하는 새로운 사상은 아직 형성되는 단계에 머물러 있다. 즉 현시대는 사상의 과도기이자 무질서의 시기다.

　당연히 다소 혼란스러울 수밖에 없는 이 시기에 어느 날 무엇이 나타나게 될지 당장 가늠하기는 쉽지 않다. 우리의 뒤를 이을 사회는 어떤 기본 사상을 토대로 세워질까? 아직은 알 수 없다. 하지만 하나는 확실하다. 바로 다가올 사회는 체계를 갖추기 위해서는 새로운 권력, 현시대 최후의 지배자인 군중세력을 고려해야 한다는 것이다. 옛날에는 진리로 받아들여졌으나 오늘날에는 자취를 감춘 수많은 사상의 잔해와 혁명은 숱한 권력들을 하나하나 깨부숴버렸고, 그 폐허 위에 오직 이 군중만이 우뚝 서 있다. 그리고 이 세력은 머지않아 반드시 다른 권력을 모조리 흡수해버릴 것처럼 보인다. 고대로부터 내려온 모든 신념이 흔들리고, 사라져버릴 때, 사회를 떠받치던 오래된 기둥들이 차례대로 무너지는 동안 그 무엇도 위협할 수 없고 위세가 나날이 커져만 가는 힘은 오직 군중뿐이다. 이제 우리는 진정한 군중의 시대를 맞이하게 된다.

모든 국가에서 나타나는 보편적 징후를 살펴보면 군중세력이 빠르게 성장하고 있다는 사실을 알 수 있다. 뿐만 아니라 그 성장세가 곧 주춤할 거라고 기대하기도 어렵다. 군중세력이 어떠한 결과를 가져오든 우리는 감내할 수밖에 없다.

군중세력에 반대하는 이야기를 길게 늘어놔봤자 전부 무의미한 일이다. 물론 군중의 출현이 서구 문명의 마지막 단계 중 하나를 알리며, 새로운 사회가 탄생하기 전에 으레 먼저 등장하는 어지러운 무질서의 시대로 완전히 돌아가는 것을 의미할 가능성도 있다. 하지만 어떻게 이 상황을 막을 수 있단 말인가?

지금까지 쇠락한 문명을 대대적으로 파괴하는 데 가장 크게 공헌한 세력은 군중이었다. 사실 비단 오늘날에서야 군중의 이러한 역할이 세상에 드러난 것은 아니다. 역사를 돌아보면, 문명이 뿌리내리고 있던 정신적 기반이 영향력을 상실했던 순간, 제법 그럴싸한 이유로 야만인이라 불렸던 맹목적이고 난폭했던 군중은 문명이 붕괴되는 데 마지막 일격을 가했다. 여태껏 소수의 특권계층 지식인들만이 문명을 세우고 주도할 수 있었다. 군중은 결코 이 자리에 낄 수 없었다. 군중에게는 파괴하기 위한 힘만 있을 뿐이었다.

군중의 지배는 항상 야만의 시기를 상징했다. 문명은 정해진 규칙, 규율, 본능에서 이성으로의 전환, 미래를 내다보는 선견지명, 한 단계 성숙한 문화를 전제로 한다. 하지만 이 모든 걸 스스로 벗어던진 군중에게 이러한 전제는 절대로 실행할 수 없는 조건이다. 오직 파괴하는 힘만 갖고 있는 군중은 쇠약한 육신이나 시체의 부패를 활성화하는 미생물처럼 움직인다. 문명이라는 구조물이 노후했을 때 그 건물을 무너뜨리는 건 언제나 군중이다. 이때야 비로소 군중의 주된 역할이 드러나고 잠깐이 지만 수적 우위가 역사에서 유일한 철학으로 여겨진다.

우리 문명의 운명도 마찬가지일까? 두렵지만 아직은 알 수 없다. 어쨌든 군중이 군림하게 되더라도 체념하고 받아들이는 수밖에 없다. 앞을 내다볼 줄 모르는 지배세력들이 연달아 군중을 억제할 수 있었던 모든 장벽을 무너뜨렸기 때문이다.

최근 들어 많이 언급되기 시작했지만 우리는 여전히 군중에 대해 아는 것이 거의 없다. 군중과는 접점이 없었던 전문 심리 학자들은 여전히 군중에 대해 아는 게 없는 데다 군중에 관심을 둘 때도 오직 군중이 저지를지도 모르는 범죄에만 초점을 맞췄다. 물론 범죄를 저지르는 군중도 있다. 하지만 선량한 군중이나 영웅적인 군중 등 다양한 유형의 군중이 존재한다. 군중이 저지르는 범죄는 그들의 심리의 특수한 사례일 뿐이다. 개인의 악행만 묘사해서는 개인의 정신구조를 파악할 수 없듯, 군중의 범죄만 연구해서는 군중의 정신구조를 알아낼 수 없다.

하지만 사실대로 말하자면, 세상의 모든 지배자들, 종교의 창시자들, 제국의 건국자들, 모든 신앙의 전도자들, 걸출한 정치인들 그리고 보다 더 평범한 영역에서 소규모 집단을 이끄는

24

보통의 수장들은 자각하지 못했을 뿐 본능적으로, 대체로 매우 정확하게 군중심리를 꿰뚫어 볼 줄 알았다. 다시 말하면, 군중의 심리를 정확히 이해하고 있었던 덕분에 매우 쉽게 지도자가 된 것이기도 하다.

군중심리를 이해하는 일은 군중을 지배하기가 어려워진 오늘날, 군중을 다스리기 위해서가 아니라 적어도 군중에게 지나치게 휘둘리지 않으려는 정치인에게 최후의 수단이 되었다.

군중의 심리를 조금 더 파고들지 않으면 법과 제도가 군중에게 미치는 영향력이 얼마나 미미한지, 군중이 주입된 의견 외에는 스스로 어떤 의견도 형성하지 못할 정도로 얼마나 무능한지 알 수 없을 것이다. 또한 군중을 이끌기 위해서는 순수한 이론적 공정성에 기반한 규칙을 내세울 게 아니라 깊은 인상을 주고, 유혹할 수 있는 방법을 강구해야 한다는 사실도 이해하기 어려울 것이다. 예를 들어 입법자가 새로운 세금을 제정하고자 한다면 그는 이론적으로 가장 공정한 세금을 선택해야만 할까? 절대 그렇지 않다. 가장 불공평한 세금이 실제로는 군중에게 가장 적합한 선택이 될 수도 있다. 게다가 가장 모호하면서도 표면적으로 가장 부담이 적어 보인다면 가장 수월하게 받아들여진다.

간접세가 아무리 터무니없이 높아도, 같은 이유로 군중은 늘 받아들일 것이다. 매일 소비 물품에 적은 금액으로 나눠서 부과되는 간접세는 군중의 소비습관에 불편을 끼치지도 않고 큰 부담으로 다가오지 않기 때문이다. 이 간접세를 임금이나 다른 소득에 부과해 한 번에 납부해야 하는 비례세로 대체하면 그 비례세가 이론적으로는 간접세에 비해 열 배 더 적은 부담이라 해도 군중은 일제히 들고 일어날 것이다. 실제로는 눈에 띄지 않을 정도로 적은 금액을 매일 내는 대신 상대적으로 큰 금액으로 지불해야 하기 때문에 엄청나게 비싸 보일 테고, 세금을 납부해야 하는 날이 오면 결과적으로 엄청난 부담으로 다가오는 것이다. 한 푼, 한 푼 저축해놨다면 액수가 크게 느껴지지 않을 테지만 이러한 경제 행위를 하려면 어느 정도 앞을 내다볼 줄 알아야 하는데, 군중에게는 그럴 만한 능력이 없다.

지금껏 얘기한 내용은 가장 간단하면서도 적절한 예시다. 나폴레옹처럼 심리에 통찰력이 있는 사람은 군중의 이러한 성향을 놓치지 않았다. 하지만 군중심리를 모르는 입법자들이 이를 깨닫기는 불가능하다. 인간이 결코 순수 이성의 명령에 따라 행동하지 않는다는 사실을 아직 충분히 경험하지 못했기 때문이다.

군중심리는 다른 수많은 분야에도 적용될 수 있다. 군중심리를 알면, 마치 어두컴컴해 잘 보이지 않는 곳에 가장 밝은 빛을 비추듯, 모를 때는 도저히 이해할 수 없었던 수많은 역사와 경제 현상들을 명확하게 해석할 수 있다.

그러므로 실용적인 측면만 고려한다고 해도, 군중심리는 연구해볼 가치가 있다. 순수한 호기심에서라도 역시 시도할 가치가 충분하다. 인간 행동의 동기를 분석하는 일은 광물이나 식물의 비밀을 알아내는 일만큼이나 흥미롭다.

군중심리에 대한 우리의 연구는 그동안 관찰한 내용을 간단히 요약하고 정리한 정도이기 때문에 시사적인 관점 몇 가지를 제공받는 것이 기대할 수 있는 전부다. 다른 이들이 이 주제를 더욱 심도 있게 탐구해주길 바란다. 우리는 그저 지금 아직 아무도 발을 들이지 않은 땅에서 단지 첫 삽을 떴을 뿐이다.

군중의 정신

1장

군중의 일반적 특징과
군중심리의 일체화 법칙

군중심리의 일체화 법칙에 따라
심리적 군중은 움직인다

　일반적으로 군중이라는 단어는 국적, 직업, 성별과 상관없이 우연한 계기로 모인 평범한 사람들을 지칭한다. 하지만 심리학적인 관점에서 군중은 완전히 다른 의미를 나타낸다. 특정한 상황에서, 오직 그 상황에 의해 형성된 집단은 집단을 구성하는 개개인과는 판이한 새로운 성격을 드러낸다. 즉 자의식은 희미해지고 모든 구성원의 감정, 사고가 한 방향으로 흐르게 된다. 이러한 집단정신은 일시적이지만 매우 뚜렷한 특징을 갖는다. 더 나은 표현을 찾지 못한 관계로 나는 이 집단을 '조직된 군중'이라 부르겠지만 '심리적 군중'이라고 해도 무방하다. 이제 군중은 하나의 독자적인 개체로 존재하며, '군중심리의 일체화 법칙'에 따라 움직인다.

단지 수많은 개인이 우연히 한곳에 모였다고 해서 조직된 군중의 특성을 갖게 되는 것은 결코 아니다. 다시 말해, 공공장소에 우연히 천 명의 개인이 모였다고 하더라도 확고한 목적의식이 없다면 심리학적 관점에서는 절대로 군중이라고 할 수 없다. 군중이란 외부 또는 내부 자극에 의해 고유한 특성을 갖게 된 집단을 가리킨다. 여기에서 말하는 자극의 본질이 무엇인지는 이후에 규명하도록 하겠다.

개인의 자의식이 사라지고, 감정과 사고가 일정한 방향으로 집중되는 현상은 군중 형성의 초기 단계에서 나타나는 특징이다. 하지만 이 과정에서 반드시 여러 사람이 동시에 한 곳에 있어야 하는 것은 아니다.

수천 명의 사람들이 서로 떨어져 있더라도, 예를 들어 국가적으로 중대한 사건이 일어났을 때처럼 격렬한 감정에 휩싸이면 심리적 군중이 가지는 특성이 나타날 수 있다. 이때는 사소한 계기만 있어도 사람들이 결집하고, 이들의 행동이 곧바로 군중 행동의 고유한 특성을 띠게 된다. 때로는 단 여섯 명만으로도 심리적 군중을 이루는 반면, 수백 명이라도 우연히 모인 것뿐이라면 군중심리를 형성하지 못할 수도 있다. 또 한편으로는, 민족 전체가 실제로 결집하지 않더라도 특정한 영향을 받아 군중이 되기도 한다.

일단 심리적 군중이 형성되면, 일시적이긴 하지만 군중의 일반적 특성이 뚜렷하게 나타난다. 이외에도 군중은 구성 요소에 따라 달라질 수 있는 고유한 특성들을 갖게 되며, 이러한 요소들이 군중의 정신적 구조를 변화시킬 수 있다.

따라서 심리적 군중은 그 성격에 따라 여러 유형으로 분류가 가능하다. 실제로 분류를 해보면, 서로 다른 요소들로 구성된 이질적 군중과 예를 들어 종파, 신분, 계급과 같이 비슷한 요소들로 이루어진 동질적 군중이 공통된 특성을 지니는 동시에 각각 구별될 수 있는 고유한 특성 또한 가지고 있다는 사실을 알게 된다.

다양한 군중 유형에 대해 알아보기 전에 우리는 '모든 군중에 공통되는 특성'을 먼저 살펴봐야 한다. 다시 말해, 우리는 박물학자처럼 한 과에 속하는 모든 개체들에게서 공통적으로 나타나는 일반적 특성을 먼저 설명하고, 그다음으로 그 과에 포함된 속과 종의 차이를 구별할 수 있게 해주는 개별적 특성을 다룰 것이다.

군중의 정신을 정확하게 묘사하기는 쉽지 않다. 왜냐하면 군중이라는 조직은 민족과 그 구성으로부터 영향을 받는 것은 물론이고, 이 조직을 관통하는 자극의 본질과 강도에 따라서도 변화하기 때문이다. 하지만 같은 이유로 평범한 개인을 심리학적으로 연구하는 일도 어렵기는 마찬가지다. 평생을 변함없이 일관된 성격으로 살아가는 인물은 소설 속에서만 존재할 수 있기 때문이다. 즉 사람들이 처한 환경이 한결같아야만 겉으로 드러나는 특성 또한 일관성을 갖게 된다.

심리적 군중이 보여주는
가장 두드러진 특징

　여기에서 군중 형성의 모든 단계를 연구할 수는 없으므로, 우선 완성 단계에 있는 군중의 모습을 중점적으로 살펴보기로 하자. 이 과정을 통해 우리는 군중이 늘 같은 모습으로 존재하는 것이 아니라 상황에 따라 어떤 모습으로든 변할 수 있다는 사실을 알게 될 것이다. 바로 이처럼 고도로 조직화된 단계에서만 새롭고 고유한 특성들이 변함없고 지배적인 민족적 특성 위에 겹치며 집단 전체의 모든 감정과 사고가 동일한 방향으로 향하게 된다. 이때에야 비로소 내가 앞서 언급했던 '군중심리의 일체화 법칙'이 작용한다.

　군중의 심리적 특성 중 일부는 독립된 개인들에게서도 나타날 수 있지만, 군중에게만 절대적으로 고유하며 오직 집단에서만 발견되는 특성들도 있다. 군중의 고유한 특성들이 얼마나 중요한지 분명하게 밝히기 위해 바로 이 특성들부터 살펴보기로 한다.

심리적 군중이 보여주는 가장 두드러진 특징은 다음과 같다. 군중을 구성하는 개인이 어떤 사람이든, 각각의 생활 방식, 직업, 성격 또는 지성 수준이 서로 비슷하든 그렇지 않든, 단지 군중의 일원이 되었다는 사실 하나만으로 구성원 모두가 일종의 집단정신을 공유한다. 그렇게 되면 각자가 혼자 있을 때와는 다른 방식으로 느끼고, 생각하고 행동하게 된다. 오직 군중 속에 있는 개인에게만 나타나서 행동으로 이어지게 하는 생각과 감정이 있다는 의미다. 심리적 군중은 서로 다른 이질적인 요소들이 잠시 결속해서 형성된 일시적 존재다. 예를 들면, 마치 생명체를 구성하는 세포들이 서로 결합하면서 각각의 세포가 지닌 특성과는 확연히 다른 특성을 나타내는 새로운 존재가 되는 것과 같다.

군중이라는 집합체는 단순히 각 구성요소들의 합이나 평균이 아니라, 새로운 특성의 결합이자 탄생을 의미한다. 화학에서 염기성과 산성을 띤 물질들이 접촉을 통해 결합하면 각 물질의 특성과는 완전히 다른 특성을 지닌 새로운 물질을 형성하는 것처럼 말이다.

　개인이 군중의 일원일 때와 그렇지 않을 때 얼마나 다른지는 쉽게 확인할 수 있다. 하지만 왜 이런 차이가 나는지 밝혀내는 것은 꽤나 어려운 일이다.

　그 원인을 어렴풋이나마 이해하려면 먼저 현대 심리학에서 검증되었듯이, 무의식적인 현상들이 생명체의 생물학적 활동에서뿐만 아니라 지능의 작용에도 상당히 핵심적인 역할을 한다는 사실을 떠올려야만 한다. 실제로 정신의 의식적인 부분은 무의식적인 부분에 비해 극히 일부에 불과하다. 가장 치밀한 분석가나 가장 통찰력 있는 관찰자조차 자신을 이끄는 무의식적 동기 중 극히 일부분만을 겨우 찾아낼 뿐이다. 우리가 의식적으로 하는 행동은 주로 세대를 이어오며 만들어진 무의식의 기층에 기인한다. 이 기층에는 민족정신을 구성하는 무수히 많은 조상들의 잔재가 들어 있다. 우리가 하는 행동에 표면상의 원인이 있더라도 그 이면에는 분명 우리가 털어놓지 못한 비밀스러운 원인이 있고, 이 비밀스러운 원인 뒤에는 우리조차도 알아차리지 못한 훨씬 더 비밀스러운 원인이 자리 잡고 있다. 다시 말해, 우리가 일상적으로 하는 대부분의 행동은 우리가 깨닫지 못한 숨겨진 동기가 발현된 결과다.

한 민족에 속한 개개인에게 서로 비슷한 면이 있다면 이는 민족정신을 구성하는 무의식적인 요소의 영향을 받아서다. 반면 개성은 교육의 결실이자 무엇보다 뛰어난 유전적 요인에서 비롯된 의식적 요소에 의해 나타난다. 지적 수준에서 극명한 격차를 보인다고 해도 인간은 본능, 열정 그리고 감정에 있어서 매우 유사한 모습을 드러낸다. 게다가 종교, 정치, 도덕, 호감과 반감 같은 감정을 느끼는 데 있어, 아무리 뛰어난 사람이라도 극히 드문 경우를 제외하면 평범한 사람들과 크게 다르지 않다. 지적 측면에서 위대한 수학자와 그의 구두를 만드는 구두장이 사이에는 뛰어넘을 수 없는 커다란 벽이 존재할 수 있지만, 인격이라는 측면에서는 대부분의 경우 둘 사이에 차이가 없거나 있더라도 굉장히 미미한 정도다.

사실 이러한 성격의 일반적인 특성은 무의식의 지배를 받으며 한 민족에 속한 평범한 개인이라면 대부분 비슷한 정도로 지니고 있다. 따라서 군중 역시 공통적으로 이와 같은 특성을 공유한다. 집단정신 안에서 개인의 지적능력, 그러니까 개인의 개성은 지워진다. 이질성은 동질성에 녹아 없어지고, 무의식적 특성들이 주도권을 장악한다.

바로 이러한 이유 때문에 군중은 높은 지적 수준이 필요한 행동을 수행하기 어렵다. 공익을 위해 다양한 분야의 우수한 인물들이 모여 머리를 맞대고 내린 결정이라고 해도 어리석은 사람들이 힘을 합쳐 도출할 법한 결론보다 항상 월등히 뛰어난 결과가 나온다고 할 수는 없다. 이러한 인재들 또한 공유할 수 있는 것이라고는 모두가 지니고 있는 특별한 것 없는 평범한 특성뿐이기 때문이다. 군중 안에 축적되는 것은 어리석음이지 지성이 아니다. 흔히 말하듯, 여러 사람이 모인다고 해서 볼테르보다 더 뛰어난 지성을 갖추게 되지는 않는다. 오히려 '여러 사람'이 군중을 뜻한다면 볼테르 한 사람의 지성이 군중을 능가한다는 것은 자명하다.

　하지만 군중에 속한 개개인에게서 각자가 가진 평범한 특성을 하나씩 모아 합쳤을 뿐이라면 단순히 평균적인 특성만 나타났겠지만, 앞서 말했듯, 군중이 형성되면 새로운 특성들이 드러난다. 이러한 새로운 특성들은 어떻게 만들어질까? 지금부터 그 답을 찾아보도록 하자.

군중만의 독특한 특성이 나타나는
세 가지 원인

　뿔뿔이 흩어져 있는 개인에게선 찾아볼 수 없는 군중만의 독특한 특성이 나타나게 되는 데는 다음과 같은 다양한 원인들이 작용한다.

　첫 번째로, 군중에 속한 개인은 단지 함께하는 사람의 수가 많다는 이유 하나만으로 무적이라도 된 듯한 느낌에 도취되어, 혼자였다면 분명히 억눌렀을 본능에 몸을 내맡긴다. 군중은 익명이 보장되어 결과적으로 무책임해지기 쉽고, 개인을 구속하던 책임감도 완전히 사라지기 때문에 군중에 속한 개인은 점점 본능을 억눌러야 한다는 속박에서 벗어나게 된다.

　두 번째 원인으로는 전염을 꼽을 수 있다. 전염은 군중의 독특한 특성의 발현에 영향을 미치고 동시에 군중의 방향성을 결정한다. 전염은 확인하기는 쉽지만 설명하기는 어려운 현상이라서, 곧 우리가 살펴볼 최면 현상과 연관지어 생각해야 한다. 군중 속에서 모든 감정, 모든 행동은 전염되기 쉽다. 개인이 공동의 이익을 위해 개인적 이익을 아무렇지도 않게 희생할 정도로 전염성은 강하다. 그야말로 인간 본성을 거스르는 이러한 성향은 오직 개인이 군중에 속해 있을 때만 발휘된다.

세 번째는 지금까지 언급했던 원인들 중 단연코 가장 중요한 원인인 피암시성이다. 피암시성은 때때로 군중의 일원인 개인에게서 개별적으로 행동할 때 나타나는 개인의 성향과 완전히 반대되는 고유한 특성을 끄집어낸다. 앞서 언급한 전염도 피암시성의 결과일 뿐이다.

이 현상을 이해하려면 생리학에서 최근 발견된 몇 가지 사실을 떠올려야 한다. 현재 우리는 다양한 과정을 거쳐 개인을 특정 상태로 유도할 수 있다는 사실을 알고 있다. 이 상태에서 개인은 자신의 의식적 인격을 완전히 잃었기 때문에 상황을 설계한 조작자의 모든 암시에 복종하게 된 나머지 자신의 본래 성격이나 습관과는 가장 거리가 먼 행동을 저지르고 만다. 군중을 가장 면밀히 관찰한 결과에 따르면, 일정시간 동안 적극적으로 행동하는 군중 속에 있던 개인은 군중으로부터 발산되는 활기 또는 우리가 알지 못하는 다른 이유로 인해 최면술사의 손아귀에서 최면에 걸린 사람이 느끼는 황홀경과 매우 유사한 특별한 상태를 경험하게 된다. 최면에 걸린 사람은 두뇌 활동이 마비되면서 최면술사가 제멋대로 조종하는 의도에 따라 무의식적으로 반응하는 모든 척수 활동에 완전히 지배당한다. 그러면 의식적인 인격체는 모조리 사라져버리고 의지와 분별력도 잃게 된다. 모든 감정과 사고는 최면술사가 결정한 방향으로 흘러간다.

심리적 군중에 속한 개인의 상태도 별반 다르지 않다. 자신이 무슨 행동을 하는지 더 이상 의식할 수 없게 된다. 마치 최면에 걸린 사람처럼 일부 능력이 약화되는 동시에 다른 능력이 극단적으로 활성화될 수 있다. 군중 속 개인은 암시에 사로잡혀 특정한 행동을 완수하기 위해, 저항할 수 없을 만큼 격렬한 충동에 자신을 내던지게 된다. 따라서 최면에 걸린 사람보다 군중 속 개인이 충동을 억제하기가 더욱 어렵다. 군중을 이루는 모든 개인이 동일한 암시에 빠져 서로가 상호 작용을 일으키면 암시의 힘이 더욱더 증폭되기 때문이다. 암시에 저항할 수 있을 만큼 개성이 강한 사람들도 군중 속에서는 극히 소수에 불과하기 때문에 대세에 거스르기 어렵다. 기껏해야 또 다른 암시를 이용해 군중의 관심을 다른 곳으로 돌리려는 시도를 해볼 수 있을 뿐이다. 예를 들어 적절하게 사용된 한마디, 상황에 맞게 떠오른 이미지 하나로 군중이 잔혹한 행위를 하지 않도록 막은 사례도 있다.

따라서 개인의 의식적 인격이 소멸하고, 무의식이 우세해지며, 암시와 전염을 통해 감정과 사고가 하나의 방향으로 편향되고, 암시로 주입된 생각을 즉각 행동으로 옮기는 경향을 보이는 등과 같은 특성이 군중에 속한 개인에게 나타난다. 군중 속에서 개인은 자신을 잃어버리고 더 이상 자신의 의지대로 움직이지 못하는 꼭두각시가 되어버린다.

그러므로 조직된 군중의 일부가 된다는 사실만으로 개인은 문명의 등급에서 여러 단계 추락하고 만다. 혼자였다면 교양인이었을 개인도 군중이 되면 본능에 충실한 야만인이 된다. 군중 속 개인은 원시적 존재처럼 본능을 억제하지 않고, 폭력적이며, 잔인할 뿐만 아니라 감정에 예민하게 반응하며, 영웅적 면모를 드러내기도 한다. 또한 군중은 원시적 존재에 가까워지는 경향이 있어 개인으로 있었다면 전혀 영향이 없었을 말이나 이미지에 쉽게 감동해버리고, 자신에게 가장 확실한 이익과 가장 익숙한 습관에 반하는 행동을 저지르고 만다. 그러므로 군중 속 개인은 바람이 휘몰아쳐 이리저리 흩날리는 모래 알갱이 중 하나라고 할 수 있다.

배심원단이 배심원 개개인이었다면 반대했을 판결을 채택하고, 의회가 의회 구성원 개개인이라면 거부했을 법과 조치를 채택하는 상황도 같은 맥락이다. 프랑스 대혁명 당시 국민공회 사람들도 개개인으론 교양 있고 평화를 사랑하는 부르주아였다. 하지만 군중으로 결집하면 아무 망설임 없이 피도 눈물도 없는 법안을 승인하거나 무고한 사람들을 단두대로 보내곤 했다. 그런가 하면 자신들의 모든 이익에 반해 면책특권을 포기하거나 스스로를 괴멸시키는 일도 서슴지 않았다.

단지 행동에서만 군중 속 개인이 본래의 자신과 본질적으로 다른 차이를 보이는 것은 아니다. 모든 독립성을 잃기 전부터 개인의 사상과 감정은 이미 달라져 있다. 이러한 변화는 구두쇠가 돈을 흥청망청 쓰게 하고, 무신론자가 신을 믿게 하며, 정직한 사람이 범죄를 저지르게 만들고, 겁쟁이가 영웅이 되게 할 정도로 근본적이다. 그 유명한 1789년 8월 4일의 밤, 환희에 들떠 귀족들은 자신들의 모든 특권을 포기하겠다고 선언했지만, 만약 그들이 '함께'가 아니라 각각 '따로' 떨어져 있었다면 그 누구도 결코 이러한 선택을 받아들이지 않았을 것이다.

지금까지 살펴본 내용의 결론을 내리자면 다음과 같다.

군중은 언제나 개별적으로 행동하는 개인보다 지적으로 열등하지만 그들이 느끼는 감정과 여기서 비롯된 행동들을 놓고 보면 군중은 상황에 따라 개인보다 더 나을 때도 있고, 더 나쁠 때도 있다. 모든 것은 군중이 어떤 방식으로 암시를 받느냐에 달려 있다. 군중을 범죄적 관점에서만 연구한 학자들은 바로 이 점을 완전히 간과했다. 분명 군중은 때때로 범죄를 저지르지만 그만큼 영웅적인 행동을 보여주기도 한다. 믿음과 사상의 승리를 위해 죽음을 불사하고, 영광과 명예에 열광하며, 음식도 무기도 거의 갖추지 못한 채 이교도로부터 신의 무덤을 구하려 십자군 전쟁에 뛰어들고, 1793년에는 조국 프랑스의 영토를 수호하기 위해 싸움에 나섰던 이들이 바로 군중이다. 분명 어느 정도 무의식적으로 영웅심이 발현된 행동이었겠지만 바로 이러한 영웅심이 역사를 만드는 법이다. 만약 냉철한 이성으로 판단한 위대한 업적만을 민족의 공적으로 인정할 수 있다면, 세계 역사에 기록할 업적은 거의 없었을 것이다.

2장

군중의 감정과
도덕성

지금까지 군중의 주요 특성들을 개괄적으로 알아보았다. 이제는 더욱 심도 있게 파헤쳐볼 차례다.

군중의 고유한 특성에는 여러 가지가 있다. 군중은 충동적이고, 쉽게 흥분하며, 이치를 따질 줄 모른다. 판단력이 부족하고, 비판적으로 사고할 수 없으며, 감정을 과장되게 부풀린다. 이외에도 열등한 진화 형태에 속하는 원시인 그리고 어린이에게서 동일하게 관찰할 수 있는 특성들이 있다. 하지만 이러한 유사성을 증명하는 일은 이 책의 몫이 아니기 때문에 여기에서는 군중의 특성과 유사한 점만 간략하게 언급하고 넘어가겠다. 원시인의 심리에 정통한 사람에게는 도움이 되지 않고, 그렇지 않은 사람에게는 여전히 설득력이 떨어질 테니 말이다. 지금부터는 대부분의 군중에게서 찾아볼 수 있는 다양한 특성들을 하나씩 소개해보겠다.

특징 1: 충동성, 변덕스러움 그리고 과민함

앞서 군중의 본질적인 특성을 연구하며 말했듯, 군중은 거의 절대적으로 무의식에 따라 움직인다. 두뇌보다는 주로 척수의 지배를 받아 행동한다. 이러한 점에서 군중은 완전히 원시적 존재와 가깝다. 수행된 행위는 실행 면에서는 완벽할 수 있다. 다만, 뇌의 지시에 따른 게 아니라 우발적인 자극을 좇은 결과일 뿐이다. 군중은 온갖 외부 자극에 휘둘리며 끊임없이 변주하는 자극에 그대로 반응한다. 즉 충동에 사로잡힌 노예나 다름없다. 군중 밖 개인도 군중 속 개인과 같은 자극을 받을 수 있지만 그 자극에 넘어갈 경우 어떤 곤경을 겪게 될지 뇌에서 경고 신호를 보내기 때문에 쉽게 굴복하지 않는다. 생리학적으로 보면, 자신의 반사작용을 통제하는 능력을 갖추고 있는 개인과 달리 군중은 자기 통제력을 상실한 상태다.

　군중이 굴복한 다양한 충동은 어떤 자극이 가해지느냐에 따라 도덕적으로 숭고하거나 용감한 행동으로, 때로는 잔혹하거나 비겁한 행동으로 나타날 수 있다. 하지만 군중의 충동은 언제나 절대적으로 강력하기 때문에 개인의 이익이나 생존 본능조차 힘을 발휘하지 못한다. 군중에게 영향을 미칠 수 있는 자극이 굉장히 다양한 만큼 항상 자극에 굴복하고 마는 군중도 몹시 변덕스럽다. 잔악무도한 행태를 보이다가도 단 한순간에 돌변해 이타심이나 절대적인 용기를 발휘하기도 한다. 즉 군중은 매우 쉽게 사형집행인이 되기도 하지만 그만큼 주저하지 않고 순교자의 길을 택하기도 한다. 모든 신념을 승리로 이끄는 데 필요한 엄청난 피는 군중의 가슴에서 쏟아져내렸다. 군중이 무엇을 더 할 수 있을지 알아보기 위해 굳이 영웅시대까지 거슬러 올라갈 필요는 없다. 봉기한 군중은 자신의 목숨값이 얼마인지 계산조차 하지 않고 자신을 내던진다. 예를 들어, 바로 몇 해 전에 갑작스레 대중으로부터 높은 인기를 얻게 된 장군이 있었다. 만약 그가 요구했더라면 그의 대의를 위해 기꺼이 목숨을 바칠 사람이 족히 10만 명은 넘었을 것이다. 즉 군중에 대해 예측할 수 있는 건 아무것도 없다.

극과 극에 있는 폭넓은 감정들이 차례로 덮쳐오더라도 군중은 언제나 그 순간에 몰려오는 자극의 지배를 받는다. 마치 폭풍우가 칠 때 사방으로 흩날리다가 시간이 흐르면 그대로 떨어져버리는 나뭇잎과 같다. 혁명에 동참한 일부 군중이 드러낸 감정이 얼마나 변덕스러운지 보여주는 사례는 다음에 기회가 있다면 다뤄보도록 하겠다.

이러한 변덕스러움 탓에 군중을 지배하기는 몹시 어렵다. 특히 공권력의 일부가 군중의 손에 떨어지면 더욱 그렇다. 만약 살면서 반드시 해내야 할 일상적인 일들이 일종의 보이지 않는 조정장치 역할을 하지 못했다면, 민주주의는 그다지 오래 지속되지 못했을 것이다. 하지만 군중이 무언가를 아무리 격렬히 원한다 해도 그 열망은 금세 사그라들고 만다. 생각하는 힘이 없는 만큼 의지 또한 오래 이어지지 못하기 때문이다.

그렇다고 해서 군중이 단순히 충동적이고 변덕스럽기만 한 것은 아니다. 군중은 야만인처럼 자신의 욕망과 욕망의 실현 사이에 무언가 개입할 수 있다는 사실을 용납하지 않는다. 숫자가 많을수록 막강한 힘을 가지고 있다고 느끼기에 그 욕망을 방해받는 상황을 더욱 이해하지 못하는 것이다. 이처럼 군중에 속해 있는 개인에게 불가능이라는 개념은 사라진다.

군중에 속하지 않은 개인은 혼자서 궁전에 불을 지른다거나 상점을 약탈하지 못한다는 사실을 잘 알기에 혹여 그런 유혹을 받더라도 쉽게 떨쳐내버린다. 하지만 군중의 일부가 된 순간, 다수라는 숫자가 가져다주는 힘을 의식하게 되면서 살인이나 약탈을 부추기는 암시를 받기만 해도, 그 즉시 유혹에 넘어가고 만다. 예상치 못한 장애물도 군중의 광기 앞에서는 맥없이 파괴될 것이다. 만약 인간의 신체가 영원히 지속되는 분노를 견딜 수 있었다면, 분노야말로 군중이 욕망을 실현하지 못해 좌절했을 때 항상 유지되는 기본적인 상태였을지도 모른다.

군중의 과민함, 충동성 그리고 변덕스러움을 포함해, 우리가 앞으로 연구할 모든 집단적 정서에는 언제나 민족 고유의 특성이 개입한다. 이 기본 특성은 우리의 모든 감정이 싹트게 하는 변하지 않는 토대를 이룬다. 모든 군중은 분명 늘 쉽게 흥분하고 충동적이지만 그 정도가 무척이나 다양하다. 라틴계와 앵글로색슨계 군중을 예로 들자면 둘은 놀라울 정도로 판이하다.

1부_군중의 정신

특징 2: 암시에 대한 취약성과
쉽게 믿는 성향

　우리는 앞서 군중의 일반적인 특징 중 하나가 너무 쉽게 암시에 빠지는 성향이라고 정의했고, 모든 인간 집단에서 암시가 얼마나 전염성이 강한지 확인했다. 군중의 감정이 정해진 방향으로 순식간에 편향되는 이유도 이러한 맥락에서 찾을 수 있다.

　군중이 중립적이라고 가정해도, 대체로 기대에 부푼 채 무언가를 기다리는 상태에 있기 때문에 쉽게 암시에 빠지고 만다. 불현듯 나타난 첫 번째 암시는 즉시 전염을 통해 군중에 속한 모두의 뇌리에 파고들어 곧바로 하나의 방향을 설정한다. 암시를 받으면, 두뇌를 장악한 생각은 행동으로 이어지기 마련이다. 그래서 궁에 불을 지르든, 헌신적인 행동을 하든, 군중은 똑같이 거리낌 없이 참여한다. 이 모든 것은 자극의 성격에 달렸다. 개인의 경우와는 다르게, 암시가 유도하는 행동과 이를 막을 수 있는 이성적 사고 사이에 존재하는 균형 관계는 더 이상 영향을 미치지 못한다.

그러므로 군중은 항상 무의식의 경계를 맴돌며, 어떤 암시에든 쉽게 걸리고, 이성이 작용할 수 없을 정도로 격렬한 감정에 휩쓸리고, 비판적 사고도 마비된 탓에 모든 걸 지나치게 쉽게 믿어버리고 만다. 즉 현실적으로 불가능해서 믿기 어려운 일도 어렵지 않게 받아들인다. 이러한 특징을 명심해야만 가장 비현실적인 전설과 터무니없는 이야기들이 얼마나 쉽게 만들어지고 확산되는지 이해할 수 있다.

군중 안에서 순식간에 걷잡을 수 없이 퍼지는 전설은 단순히 군중이 너무 쉽게 믿고, 푹 빠져드는 성향을 지녔다고 해서 만들어지는 게 아니다. 결집한 사람들의 상상 속에서 사건들이 엄청나게 왜곡되면서 전설이 탄생하기도 한다. 매우 단순명료한 사건도 군중의 눈에 띄는 순간 의미를 부여받아 변형된다. 군중은 이미지로 생각하고, 연상된 이미지는 그 자체로 원래 이미지와는 아무런 논리적 연결고리가 없는 다른 이미지들을 연속해서 떠올리게 한다. 어떤 사건을 떠올렸는데 이따금 마구잡이로 튀어나와 꼬리에 꼬리를 물고 이어지는 생각에 끌려다닌 경험이 있다면 이러한 상태를 쉽게 이해할 수 있다. 이성적으로 생각해보면, 이러한 이미지들 사이에 아무런 일관성이 없다는 걸 깨달을 수 있지만, 군중은 도무지 그 사실을 알아차리지 못한다. 그리고 왜곡된 상상력으로 실제 사건에 내용을 덧붙이면서 실제와 상상을 뒤섞어버린다. 즉 주관적인 것과 객관적인 것을 거의 구분하지 못한다. 그렇기 때문에 머릿속에 떠오른 이미지를 실제 있었던 일로 받아들이지만 이 이미지는 대체로 객관적인 사실과 상당히 동떨어져 있다.

군중을 구성하는 개인들의 기질이 천차만별인 만큼, 군중이 목격한 사건을 셀 수 없이 다양한 방법과 관점으로 왜곡할 것이라고 생각할 수도 있다. 하지만 전혀 그렇지 않다. 왜곡된 내용이 군중 내에서 전염되면서 모든 구성원에게 같은 성격과 같은 의미로 받아들여지기 때문이다. 집단의 구성원 중 한 명이 최초로 왜곡해서 인지한 내용이 전염성 강한 암시의 출발점이 된다. 예를 들어, 모든 십자군 병사들이 예루살렘 성벽 위에 나타난 성 게오르기우스('위대한 순교자'로 공경받는 성인이며, 예루살렘 성당은 그의 이름으로 봉헌되었다 - 옮긴이)를 목격했다고 주장하겠지만 거슬러 올라가면 맨 처음 그 모습을 본 병사는 분명 그중 단한 명뿐이었을 것이다. 단 한 사람이 본 기적이지만 암시와 전염을 통해 곧바로 모두가 믿게 된 경우다.

역사에 그토록 빈번하게 나타나는 집단적 환각은 항상 이런 메커니즘을 따른다. 수많은 사람들이 확인한 현상이라는 점에서 집단적 환각은 마치 모두가 진실이라고 믿을 만한 전형적인 요소를 모두 갖추고 있는 것처럼 보인다.

앞서 말한 내용을 반박하기 위해 군중을 이루는 개개인의 정신적 특성을 끌어들일 필요는 없다. 정신적 특성은 전혀 중요하지 않다. 개인이 군중에 속하는 순간부터 일자무식이든 박학다식이든 모두가 관찰하는 능력을 상실해버리기 때문이다.

이 주장은 모순적으로 보일 수 있다. 이를 철저하게 논증하려면 무수히 많은 역사적 사건들을 다시 들여다보아야 하므로 고작 책 몇 권에 이 내용을 다 담기엔 턱없이 부족하다.

하지만 나는 독자에게 근거 없는 주장을 펼친다는 인상을 주고 싶지 않기에, 인용할 수 있는 수많은 내용 중 임의로 고른 몇 가지를 예로 들어보려 한다.

다음 이야기는 가장 무식한 사람부터 가장 유식한 사람까지 모든 부류의 개인들로 이루어진 군중을 휩쓴 집단적 환각의 전형적인 사례다. 해군 대위 쥘리앵 펠릭스가 해류를 다룬 자신의 저서에 살짝 언급한 일화로, 이전에 과학잡지 《레뷰 시앙티

피크(Revue Scientifique)》에도 실린 적이 있다.

프리깃함 벨폴호는 거센 폭풍우를 만나 떨어져 나간 코르벳함 르베르소호를 찾기 위해 바다를 항해하고 있었다. 햇볕이 강하게 내리쬐는 한낮이었다. 갑자기 망루에서 망을 보던 선원이 조난 당한 작은 배를 발견하고 신호를 보냈다. 배에 승선해 있던 모두의 시선이 일제히 그가 가리킨 지점으로 향했고, 장교와 해병을 비롯한 전원은 조난 신호 깃발이 나부끼는 작은 배 여러 척이 사람들을 가득 실은 뗏목 한 척을 끌고 오는 모습을 분명히 봤다. 하지만 사실은 집단적 환각을 경험했을 뿐이었다. 데포세 제독은 구명정 한 척을 준비시켜 조난자들을 구조하라고 명령했다. 구명정에 오른 해병과 장교들은 뗏목이 가까워지자 "한데 엉켜서 난동을 부리며 손을 내미는 사람의 무리를 보았고, 수많은 목소리가 뒤섞여 알아들을 수 없는 둔탁하고 혼란스러운 소리를 들었다"고 알렸다. 그러나 구명정이 도착했을 때 그들이 발견한 것은 단지 인근 해안에서 뽑혀 떠내려온 잎사귀가 무성한 나뭇가지 몇 개가 전부였다. 이토록 현실적인 증거 앞에서 환각은 감쪽같이 사라졌다.

이 사례는 우리가 앞서 설명했던 집단적 환각의 메커니즘이 어떻게 작동하는지 아주 분명하게 보여준다. 한 편에는 기대감에 부푼 채 긴장한 상태로 상황을 주의 깊게 살피는 군중이 있고, 다른 한 편에는 바다에서 조난당한 선박을 봤다고 알린 선원에 의해 만들어진 암시가 있다. 이 암시는 장교 혹은 해병을 비롯해 그 자리에 있었던 모두에게 전염되었다.

군중의 규모가 크다고 해서 무조건 눈앞에서 무슨 일이 벌어지는지 정확하게 바라보는 능력을 잃고 실제 사실을 아무런 연관성도 없는 환영으로 대체하는 것은 아니다. 사람이 몇 명만 모여도 군중이 형성되며, 설령 그들이 아무리 뛰어난 학자일지라도 자신들의 전문 분야를 벗어나면 군중 특유의 성향을 그대로 드러내게 된다. 각자가 지녔던 관찰력과 비판적 사고는 금세 흐려진다.

독창적인 심리학자인 데이비는 이와 관련해 무척 흥미로운 사례를 소개한 바 있다. 《심리학 연보(Annales des Sciences psychiaques)》에도 발표된 이 사례는 이 책에서 상세하게 다룰 가치가 있다. 데이비는 영국에서 가장 저명한 학자인 월리스를 포함해 여러 뛰어난 지식인들을 한자리에 불러 모아 여러 가지 물건들을 살펴보고 원하는 곳에 봉인을 붙이게 한 뒤에 모두의 앞에서 영혼을 부르고 석판에 글씨를 쓰게 하는 등 심령술의 고전적인 현상들을 시현했다. 그런 다음, 이 뛰어난 지식인들에게서 초자연적인 방법이 아니면 눈앞에서 벌어진 일들이 도저히 설명되지 않는다는 증언을 서면으로 확보하고 나서야 이 모든 게 사실은 아주 간단한 속임수였다고 밝혔다.

최면술사 또한 최면에 걸린 사람에게 늘 이런 식으로 영향력을 행사한다. 처음에는 의심을 품었던 뛰어난 지성인들마저 속아 넘어간 것을 보면 평범한 군중을 현혹하기는 얼마나 쉬울지 짐작할 수 있다.

다시 군중의 관찰 이야기로 돌아오면, 집단적 관찰은 가장 많은 오류가 발견되는 형태인데, 대부분의 경우 한 개인의 단순한 착각이 전염을 통해 다른 사람들에게 암시로 작용한 결과라는 결론을 내릴 수 있다. 군중의 증언은 아무리 철저하게 의심해도 부족하지 않다는 걸 증명하는 사건을 나열하자면 끝이 없다. 스당 전투 당시 수천 명이 그 유명한 기병대의 돌격을 목격했으나 목격자들의 진술이 서로 엇갈리는 바람에 누가 공격을 지휘했는지는 아직도 밝혀지지 않았다.

이러한 사례들을 통해 우리는 군중의 증언이 신뢰할 수 있는 증거로서 어떤 가치를 지니는지 알 수 있다. 논리학 개론에서는 다수의 증언이 일치하면 사건의 정확성을 증명하는 데 원용할 수 있는 가장 확실한 증거로 분류한다. 하지만 군중의 심리에 관한 우리의 지식에 비춰보면 논리학 개론의 이 내용은 전면적으로 수정되어야 한다. 목격자가 가장 많은 사건일수록 오히려 가장 의심스러운 사건이기 때문이다. 즉 수천 명이 동시에 어떤 일을 목격했다면 실제로 벌어진 일과 그들이 공유한 이야기는 대체로 완전히 다를 가능성이 크다.

　앞서 언급한 내용을 종합해보면, 역사서는 순수한 상상력의 산물로 간주해야 한다는 결론에 이르게 된다. 역사서는 부정확하게 관찰된 사건들에 훗날 설명을 덧붙인 근거 없는 이야기들을 엮은 책이다. 이런 책을 쓰느라 시간을 낭비할 바엔 차라리 회반죽이나 개는 게 훨씬 더 유익한 일이다. 물론 과거로부터 전해져 내려오는 위대한 문학과 예술작품이 없었다면 과거에 실제로 무슨 일이 있었는지 전혀 알지 못했을 것이다. 그런데 우리가 헤라클레스, 석가모니, 예수 또는 무함마드처럼 인류 역사에 큰 획을 그은 위대한 인물들의 삶에 대해 진실이라고 확신할 수 있는 부분이 과연 있는가? 거의 없다고 봐도 무방하다. 하지만 사실, 그들의 실제 삶이 어땠는지는 오늘날 우리에게 그다지 중요하지 않다. 우리는 그저 민간 전설 속 만들어진 위대한 인물들의 모습을 알고 싶을 뿐이다. 군중의 마음에 감동을 일으킨 건 실제 영웅이 아닌 전설 속 영웅들이기 때문이다.

1부_군중의 정신

설사 전설이 기록으로 남았다고 해도 그 자체로는 아무런 실체도 없다. 시간이 흐르면서 군중의 상상력이 더해져 내용이 끊임없이 변하고, 특히 민족적 특성도 큰 영향을 미친다. 구약성경에 등장하는 무자비한 여호와는 성녀 테레사가 섬긴 사랑의 신과 상당히 다른 모습이고, 중국에서 숭배하는 석가모니는 인도에서 섬기는 석가모니와 아무런 공통점도 없다.

군중의 상상력으로 영웅들의 전설이 변형되기까지는 그리 오랜 세월이 필요하지 않다. 전설의 내용이 바뀌는데 몇 년이 채 걸리지 않을 때도 있다.

지금도 우리는 역사상 가장 위대한 영웅 중 한 명의 전설이 50년도 채 지나지 않아 수차례 변형되는 과정을 지켜보고 있다. 부르봉 왕조 시대에 나폴레옹이라는 인물은 평화를 사랑하는 박애주의자이자 자유로운 영혼의 소유자였다. 또한 시인들이 노래했듯 서민들이 소박한 집에서 아주 오래도록 함께 나눈 추억을 간직할 만한 친구 같은 존재였다. 하지만 30년이 지나자, 이 인자한 영웅은 권력을 찬탈하고 자유를 짓밟더니 오로지 자신의 야망을 채우기 위해 300만 명을 죽음으로 몰아넣으며 피바람을 몰고 다니는 폭군이 되어 있었다. 현재에도 그의 전설은 우리 눈앞에서 계속 새롭게 변화하고 있다. 수천 년이 지난 후 미래의 학자들은 지금 학자들이 부처의 존재를 의심하듯이 서로 상반된 이 이야기들을 두고 아마 나폴레옹이 실존 인물인지 의구심을 품을 수도 있다. 그래서 나폴레옹 전설도 태양신 신화나 헤라클레스 전설과 같이 상징적 이야기가 변형된 형태일 뿐이라고 여길지도 모르는 일이다. 미래 학자들은 이러한 불확실성에도 아마 쉽게 위안을 얻을 것이다. 오늘날보다 군중심리를 훨씬 더 깊게 이해한 미래 학자들은 결국 역사에서 후대에 길이 전해지는 건 신화뿐이라는 사실을 알게 될 테니 말이다.

특징 3: 군중이 느끼는
감정의 과장과 단순화

　군중이 발산하는 감정은 좋든 나쁘든, 아주 단순하면서도 지나치게 극단으로 치닫는 이중적인 특성을 띤다. 다른 수많은 특성에서도 드러나는 이러한 특징이 존재한다는 점에서 군중 속 개인은 원시적 존재와 닮은 모습을 보인다. 미묘한 차이를 이해하지 못해 상황을 뭉뚱그려서 바라보고, 변화해 온 과정을 살피지 못한다. 그래서 군중에 속해 있으면 감정은 더욱 심하게 과장되는 것이다. 한 사람이 드러낸 감정이 암시와 전염을 통해 매우 빠른 속도로 퍼지면 군중으로부터 확실한 동조를 얻고 강력한 힘을 발휘하게 된다.

　군중 안에서 감정은 단순해지고 과장되기 때문에 군중은 의심도 불확실성도 느끼지 않는다. 군중은 순식간에 극단으로 치닫는다. 의혹이 제기되더라도 즉시 논의의 여지가 없는 명백한 사실로 받아들여진다. 독립적인 개인이었다면 그다지 깊어지지 않았을 혐오와 반감이, 군중에 속한 개인에게서는 싹트자마자 곧바로 격렬한 증오로 돌변해버린다.

군중에 속해 있으면 책임을 지지 않아도 된다는 믿음이 작용하기 때문에 감정이 한층 더 격렬하고 극단적으로 표출된다. 이러한 경향은 특히 다양한 구성원으로 이루어진 군중에게서 더욱 두드러진다. 군중이 수적으로 규모가 클수록 처벌을 받지 않는다는 확신은 더욱 강해진다. 여기에 다수라는 수적 우위에서 생기는 일시적이지만 막강한 권력을 가진 듯한 느낌이 더해지면 독립적인 개인은 표현하기 어려운 감정과 망설였을 행동을 군중은 거리낌 없이 드러내고, 주저 없이 실행에 옮긴다. 군중 안에서는 어리석은 사람, 무식한 사람, 시기 질투하는 사람도 무가치하고 무능하다는 자격지심에서 벗어나 일시적이지만 거칠고 난폭하며 막강한 힘을 가진 듯한 착각에 빠진다.

안타깝게도 군중 안에서 감정은 대부분 부정적인 방향으로 폭발한다. 이러한 경향은 원시시대 때부터 유전적으로 전해 내려온 본능에서 비롯된 것으로, 책임감이 강한 개인은 처벌이 두려워 이러한 본능을 억누르려 한다. 반면 군중은 본능에 휩싸여 감정도 행동도 너무 쉽게 극단으로 치닫는다.

그렇다고 해서 군중이 영웅적 행동, 헌신, 매우 고결한 덕행을 실천할 수 없다는 뜻은 아니다. 암시가 교묘하게 작용하면 군중에게서도 이러한 모습을 볼 수 있다. 오히려 홀로 행동하는 개인보다 더 큰 희생정신을 발휘하기도 한다. 이 내용은 군중의 도덕성을 다루는 부분에서 곧 다시 살펴보도록 하자.

감정적으로 한껏 고조된 군중은 극단적인 감정에만 반응하게 된다. 그러므로 군중의 마음을 사로잡으려는 연설가는 과격한 발언을 서슴지 않고 남발해야만 한다. 과장하고, 확언하고, 반복하되 절대로 추론을 통해 그 무엇도 논증하려고 들지 말 것, 이것이 대중 집회 연설가들 사이에서 잘 알려진 설득의 비법이다. 더군다나 군중은 자신들이 숭배하는 영웅들 역시 감정을 극적으로 과장해 표현해주길 바란다. 겉으로 드러나는 영웅의 자질과 덕행은 항상 미화되어야 한다. 연극을 볼 때 주인공에게 현실에서는 결코 실현될 수 없는 용기, 도덕성, 미덕 등의 자질을 기대한다는 점은 이러한 군중의 심리를 정확하게 꿰뚫는다.

군중은 오직 감정만을 과장하므로, 지성은 결코 과장되지 않는다는 사실은 굳이 덧붙일 필요도 없다. 앞서 이미 개인은 군중의 일원이 되기만 해도 지적 수준이 즉시 급격히 낮아진다는 사실을 보여줬기 때문이다. 프랑스의 사회학자이자 범죄학자인 가브리엘 타르드도 군중의 범죄에 관한 연구에서 이를 입증한 바 있다. 따라서 군중은 오직 감정에 한해서만 맨 꼭대기에서 밑바닥까지 극과 극을 오르내린다.

특징 4: 편협성, 독선
그리고 보수성

군중은 오직 단순하고 극단적인 감정만 경험한다. 암시에 빠지면 그 의견이나 사상 그리고 신념을 그대로 다 받아들이거나 전적으로 거부하고, 이를 맹목적인 진리 또는 절대적인 오류로 여긴다. 논리적 사고 대신 암시로 확립된 신념도 언제나 이런 식으로 받아들여진다. 종교적 신념이 얼마나 편협하고 인간의 영혼에 독재적이며 절대적인 지배력을 행사하는지 모르는 사람은 없다.

무엇이 진실이고 오류인지는 손톱만큼도 의심하지 않으며, 자신들이 소유한 힘이 어느 정도인지 명확히 알고 있기에 군중은 편협한 만큼 권위적이기도 한 것이다. 개인은 반론과 토론을 받아들일 수 있지만 군중은 결코 용납하지 않는다. 집회에서 연설자가 조금이라도 반론을 제기하면, 그 즉시 분노에 찬 고함과 거친 욕설이 쏟아진다. 그럼에도 연설자가 자신의 의견을 굽히지 않으면 군중은 그에게 폭력을 휘두르고 내쫓아버리기까지 한다. 권력기관 관계자가 엄정하게 자리를 지키고 있지 않으면 아마 반론을 제기한 연설자가 살해되는 일도 비일비재할 것이다.

독선과 편협성은 모든 군중에게서 공통적으로 나타나는 특성이지만, 유형에 따라 그 정도가 매우 다양하다. 그리고 여기에서도 인간의 모든 감정과 사고를 지배하는 근본적인 토대인 '민족'이라는 개념이 다시 등장한다. 독선과 편협성은 특히 라틴계 군중에게서 극도로 발달된 형태로 나타난다. 앵글로색슨족에게 뿌리 깊게 자리 잡은 개인의 독립성이라는 성향을 완전히 말살해버릴 정도다. 라틴계 군중은 오직 자신이 속한 집단의 독립성에만 민감하게 반응하며, 이 독립성에는 자신들과 신념이 다른 모든 이들은 즉시 난폭하게 굴종시키려는 욕구가 깃들어 있다. 라틴계 민족 중에서도 과격한 급진 세력은 종교재판 때부터 모든 시대를 통틀어 단 한 번도 자신들이 생각하는 편협한 자유에서 벗어난 적이 없어, 더 높은 수준의 자유에 도달하지 못했다.

독선과 편협성은 군중이 쉽게 이해할 수 있을 만큼 매우 명확한 성향이기 때문에 외부로부터 주입되기만 해도 군중은 선뜻 받아들일 뿐만 아니라 주저 없이 행동으로 옮기기도 한다. 군중은 강한 힘에는 순순히 복종하지만, 나약함의 한 형태일 뿐이라고 치부되는 선의에는 별다른 자극을 받지 않는다. 따라서 군중이 지지하는 대상은 항상 온화한 지도자가 아니라 무자비한 폭거를 저지르는 폭군이었다. 군중은 언제나 이러한 폭군들을 위해 가장 높은 동상을 세워 그들을 기렸다. 반면 권력에서 밀려난 폭군은 거침없이 짓밟히는 신세로 전락한다. 힘을 잃은 폭군은 군중에게 두려운 대상이 아니라 업신여겨도 되는 약자로 분류되기 때문이다. 앞으로도 군중이 이상적으로 생각하는 영웅은 카이사르와 같은 자질을 갖춘 인물일 것이다. 군중은 그의 위풍당당한 모습에 매료되고, 그의 권위에 압도되며, 그의 칼에 두려움을 느낀다.

약한 권력에 맞서 언제라도 들고 일어날 준비가 되어 있는 군중은 강력한 권력 앞에서는 비굴하게 머리를 조아린다. 권력의 힘이 쇠퇴와 강화를 반복하며 불안정하게 요동치면, 군중은 항상 자신의 극단적인 감정에 따라 움직이며 무질서 상태와 굴복 상태를 번갈아가며 넘나든다.

군중의 본능에 혁명가적 기질이 강하게 새겨져 있다고 믿는다면, 군중심리를 잘못 이해하고 오판한 것이다. 단지 군중의 폭력성만을 보고 우리가 착각한 것뿐이다. 군중이 보여주는 폭발적인 저항심과 파괴적 행위는 오랫동안 지속된 적이 없다. 군중은 무의식의 강력한 지배를 받으며 수 세기에 걸쳐 전해 내려온 유전적 특성에도 크게 좌우되기 때문에 극도로 보수적일 수밖에 없다. 그렇기에 외부의 통제 없이 방치된 군중은 곧 자신들의 무질서한 모습에 염증을 느끼고 본능적으로 다시 복종 상태로 돌아가려 한다. 나폴레옹이 모든 자유를 억압하고 무자비하게 철권을 휘둘렀을 때 그를 가장 열렬히 환호한 사람들은 자코뱅파 중에서도 가장 오만하고 가장 다루기 힘든 자들이었다.

따라서 뼛속까지 보수적인 군중의 본능을 정확히 파악하지 못하면 역사, 특히 민중혁명의 역사를 이해하기 어렵다. 군중은 자신들이 살아가는 체제의 이름을 간절히 바꾸고 싶어 하며, 이 소망을 이루기 위해 난폭한 혁명을 일으키기까지 한다. 하지만 체제의 본질은 이미 대대로 전해 내려오는 민족의 요구를 너무나도 잘 반영하고 있어, 군중들은 결국 언제나 다시 원래대로 되돌아갈 수밖에 없다. 군중은 오직 지극히 피상적인 일에만 끊임없이 변덕을 부린다. 사실은 원시인과 다를 바 없이 본능적으로 강경한 보수적 성향을 지니고 있기 때문이다. 군중이 전통을 맹목적으로 중시하는 태도는 절대적이다. 반면, 실제 생존 조건을 바꿀 수도 있는 새로운 문물에는 무의식 속에서 뿌리 깊은 두려움을 느낀다.

특징 5: 개인의 본성과는 별개인 군중의 도덕성

도덕성이 사회적 관습을 변함없이 존중하고, 이기적인 충동을 끊임없이 억누르는 자질이라면, 군중에게 도덕성을 기대할 수 있을 리 없다. 그러기엔 군중은 너무나 충동적이고 변덕스럽다. 하지만 순간적으로 발현되는 이타심, 헌신, 무욕, 자기 희생 그리고 공정성을 추구하는 욕구와 같은 몇 가지 자질을 도덕성의 범주에 포함시킨다면 군중도 때로는 매우 높은 수준의 도덕성을 발휘한다고 말할 수 있다.

군중을 연구하는 소수의 심리학자들은 오직 군중의 범죄 행위만 관찰한다. 이러한 범죄 행위가 얼마나 빈번하게 일어나는지에만 초점을 맞추기 때문에 이들은 군중의 도덕성이 매우 낮은 수준이라고 간주한다.

물론, 대체로 사실이긴 하다. 그렇다면 왜 그런 걸까? 단순하게 설명하면, 원시시대의 잔재인 잔혹하고 파괴적인 본능이 우리 각자의 내면 깊숙한 곳에 잠들어 있기 때문이다. 일상생활에서 개인이 이러한 본능을 충족시키려 한다면 매우 위험할 수 있지만, 책임을 지지 않는 군중의 일원이 되면 결과적으로 처벌받을 걱정이 사라지니 마음껏 본능을 따르게 된다. 이러한 파괴 본능을 같은 인간에게 항상 발산할 수는 없기 때문에 우리는 동물을 상대로 해소하며 만족한다. 사냥에 대한 보편적인 열정과 군중의 무자비한 행위는 결국 그 뿌리가 같다. 저항하지 못하는 희생양을 천천히 처단하는 군중의 모습을 보면 그들이 얼마나 비열하고 잔혹한지 알 수 있다. 하지만 철학자의 관점에서 이러한 잔혹성은 수십 명의 사냥꾼들이 개를 풀어 불쌍한 사슴을 쫓고 배를 가르는 광경을 직접 보며 즐기는 습성과 놀랍도록 유사하다.

군중은 살인, 방화를 비롯한 온갖 범죄를 저지를 수도 있지만 개인이 혼자서 실현할 수 있는 수준보다 훨씬 고차원적인 헌신, 희생 그리고 이타적 행위 또한 실천할 수 있다. 특히 군중 안에 속한 개인에게 영광, 명예, 신앙 그리고 조국에 대한 감정을 불러일으키며 호소하면 기꺼이 자신의 목숨까지 바친다. 역사를 돌아보면 십자군과 프랑스 혁명이 진행중이던 1793년에 활약한 의용군과 비슷한 사례가 무수히 많다. 이처럼 오직 집단만이 거룩한 이타적 행위와 숭고한 헌신을 실현할 수 있다.

얼마나 많은 군중이 제대로 이해하지도 못한 신앙과 사상 그리고 뜻을 위해 장렬하게 목숨을 바쳤던가. 예를 들어, 박봉을 받아도 만족하며 살던 군중이 파업에 나서는 이유는 자신들의 임금 인상을 위해서라기보다는 구호 아래 하나로 단결해 행동하기 위해서다. 개인에게는 사적 이익이 대부분 절대적인 동기로 작용하지만, 군중에게는 그런 경우가 극히 드물다. 즉 군중이 자신들의 머리로는 전혀 이해하지 못한 채 뛰어든 많은 전쟁에서 마치 사냥꾼이 조작하는 거울에 홀린 종달새처럼 너무나도 쉽게 학살당했지만, 이러한 군중을 이끈 원동력은 결코 개인적인 이익이 아니었다.

심지어는 지독한 악당들도 군중에 합류했다는 이유 하나만으로 일시적이지만 매우 엄격한 도덕적 원칙을 지키곤 했다. 프랑스 철학자 이폴리트 텐이 지적했듯이, 프랑스 혁명 당시 9월 대학살 사건에서 학살을 자행했던 시민들은 자신들이 살해한 사람들의 몸에서 찾은 지갑과 보석을 쉽게 빼돌릴 수 있었음에도 늘 혁명위원회로 찾아와 물건들을 탁자 위에 올려다

놓곤 했다. 1848년 혁명 당시 가난에 허덕이던 군중이 울부짖으며 튈르리 궁전에 우르르 몰려와 침입했을 때, 단 하나만으로도 족히 며칠을 먹고 살 수 있을 만큼 값비싼 물건들이 눈앞에 가득했지만, 그들은 그 어떤 것에도 절대 손을 대지 않았다.

물론, 군중에 합류한 개인이 항상 도덕적으로 행동하는 것은 아니지만 종종 관찰되곤 한다. 방금 인용한 사례보다 훨씬 가벼운 상황에서도 나타난다. 앞서 말했듯 군중은 연극을 볼 때, 작품의 주인공에게 과장된 미덕을 요구한다. 군중은 비록 개개인은 열등한 특성을 지녔더라도 도덕적인 관점에서 일반적으로 매우 엄격한 태도를 보인다. 상습적인 난봉꾼, 매춘업자, 빈정거리기 좋아하는 불량배도 연극에서 다소 외설적인 장면을 보거나 경박한 이야기를 들을 때면 대체로 못마땅해하며 구시렁거린다. 평소 그들끼리 나누던 대화에 비해 별로 대수롭지 않은 정도인데도 말이다.

따라서 군중은 대개 저급한 본능을 따르기는 해도 가끔은 매우 고결한 도덕적 행위를 실천해 타의 모범을 보이기도 한다. 만약 무욕과 인내 그리고 비현실적 혹은 현실적 이상에 바치는 절대적인 헌신이 도덕적 덕목이라면 군중은 경우에 따라 가장 지혜로운 철학자조차도 좀처럼 도달하지 못할 경지의 미덕을 갖추고 있다고 해도 과언이 아니다. 물론 무의식적으로 드러난 태도임이 분명하지만 아무려면 어떤가. 대체로 무의식에 따라 움직이고 이성적으로는 거의 사고하지 않는다 해서 군중을 지나치게 나무랄 필요는 없다. 군중이 이따금 이치를 따지고, 제 눈앞의 이익을 염두에 뒀다면 그 어떤 문명도 아마 지구상에 꽃피우지 못했을 테고, 그러면 인류에게 역사란 존재하지 않았을 것이다.

3장

군중의 사상, 추론
그리고 상상력

사상은 이미지로 표현되어야
군중에게 가닿는다

이전 저서인 『민족 진화의 심리학적 법칙들』에서는 사상이 어떤 역할을 하는지 탐구하며, 우리는 모든 문명이 재정립되는 경우가 흔치 않은 소수의 기본적인 사상에 기반을 두고 있다고 설명한 바 있다. 또한 이 사상이 군중 정신에 어떻게 뿌리를 내리는지, 군중 안에 파고들기가 얼마나 어려운지, 마침내 자리를 잡게 되면 얼마나 막강한 힘을 행사하는지 살펴보았다. 마지막으로는 역사적으로 중요한 격변이 몰아칠 때면 그 시작은 항상 이 기본적인 사상들의 변화에서 비롯된다는 사실을 확인했다. 이 책에서는 군중이 받아들일 수 있는 사상에는 어떤 것이 있는지, 또 어떤 사상을 어떤 형태로 받아들이는지만 간략하게 다루겠다.

사상은 두 가지 범주로 나눌 수 있다. 첫 번째는 당대의 영향을 받아 우연히 형성된 일시적인 사상으로, 예를 들어 인물이나 교리에 심취하는 현상이 여기에 속한다. 두 번째로, 과거의 종교적 신념이나 오늘날의 민주주의 및 사회주의 사상과 같이 사회 환경, 유전적 요인, 여론에 의해 매우 안정적으로 자리 잡은 기본적인 사상이 있다.

기본적인 사상이 유유히 자신의 방향대로 흐르는 거대한 강물이라면, 일시적인 사상은 쉴 새 없이 변하며 수면에 파문을 일으키는 작은 물결이다. 잔물결은 실제로 큰 힘은 없지만 강물의 흐름 그 자체보다 더 눈에 띄기 마련이다.

과거 우리 조상들이 삶의 근간으로 삼았던 위대한 기본 사상의 뿌리가 현재 점점 약해지고 있다. 견고했던 기본 사상에 금이 가면서 그 위에 세워졌던 제도마저 뼈대부터 흔들리는 판국이다. 방금 설명했듯이, 이러한 일시적이고 보잘 것 없는 사상들은 매일같이 수도 없이 생겨난다. 하지만 이 중에서 눈에 띌 만큼 성숙해져 지배적인 영향력을 행사하게 되는 사상은 거의 없다.

군중에게 암시를 통해 주입한 사상이 무엇이든, 결코 흔들리지 않을 정도로 절대적이고 단순한 형태로 포장해야만 지배적인 영향을 미칠 수 있다. 그러므로 사상은 이미지로 표현되며 오직 이미지의 형태로만 군중에게 가닿을 수 있다. 이와 같은 사상-이미지의 조합 사이에는 그 어떠한 논리적인 유사성이나 연속성이 없기 때문에 설사 기존의 사상이나 이미지가 다른 것으로 대체된다 한들 아무런 상관이 없다. 마치 상자 안에 겹겹이 쌓여 있던 슬라이드를 꺼내 마법 환등기에 바꿔 끼우기만 하면 되는 것처럼 말이다. 이러한 이유로 양극단에 있는 사상들이 군중 안에 공존하기도 한다. 군중은 우연히 발생한 사건에 즉각적으로 반응하는 경향이 있어, 자신들의 이해 속에 차곡차곡 쌓인 다양한 사상들 중 하나의 영향에 따라 움직이게 되고, 그 결과 상황에 따라 완전히 상반되는 행동들을 저지를 수 있다. 하지만 비판적으로 사고하는 능력을 완전히 상실했기 때문에 상반된 행동들 사이의 모순을 알아차리지 못한다.

이러한 현상이 비단 군중에게서만 나타나는 특이점은 아니다. 원시적 존재는 물론이고, 강력한 종교적 신념을 가진 신자들처럼 정신의 일부분이 원시적 특성과 유사한 수많은 독립적인 개인들에게서 역시 비슷한 행태가 관찰된다.

사상은 매우 단순한 형태로 구현되어야만 군중이 이해할 수 있기 때문에 대중화되기 위해서는 사상을 아주 철저하게 변형

1부_군중의 정신

시켜야만 한다. 특히 철학적 혹은 과학적으로 다소 고차원적인 사상의 경우 군중이 이해할 수 있는 수준까지 단계적으로 난이도를 낮추려면 본래의 형태에서 얼마만큼 변형되어야 하는지 알 수 있다. 이러한 변화는 군중의 유형과 군중이 속한 민족적 특성에 따라 달라지긴 하지만 어떤 변화든 사상의 본래 의미를 희석하고 단순화하는 방향으로 이루어진다. 그러므로 사회적인 관점에서 보면 실제로 사상에는 서열이 없다. 즉 고차원적인 사상도 저차원적인 사상도 없다는 뜻이다. 아무리 위대하고 진리에 가까운 사상이라도 군중에게 도달해 영향을 미칠 수 있으려면 본래의 심오함과 위대함을 대부분 잃게 된다.

게다가 사회적 관점에서 사상의 서열에는 아무 의미도 없다. 관건은 사상이 초래하는 결과다. 중세 시대 기독교적 사상, 지난 세기의 민주주의 사상 그리고 오늘날의 사회주의 사상은 확실히 고차원적인 사상은 아니다. 철학적으로 접근하면 이러한 사상들은 비교적 사소한 오류로 간주될 수 있다. 하지만 사상은 과거에도 그랬듯 미래에도 막중한 역할을 할 테고, 오랫동안 국가 경영에 가장 핵심적인 요소로 작용할 것이다.

설사 군중이 이해할 수 있도록 사상을 개조했다고 하더라도, 다양한 과정을 거쳐 군중의 무의식에 침투해 감정을 일으킬 때만 비로소 군중에게 영향을 미칠 수 있다. 물론 이 단계에 이르기까지는 언제나 아주 오랜 시간이 소요된다. 이 다양한 과정에 대해서는 차후에 연구해볼 기회가 있을 것이다.

단순히 정당성이 입증되었다고 해서 그 사상이 교양 있는 사람들에게까지 반응을 일으킬 수 있다고 여기는 것은 곤란하다. 아무리 명확하게 입증된 사상이라도 대부분의 사람들에게 미치는 영향이 얼마나 미미한지 확인해보면 아주 빠르게 납득하게 된다. 물론 명백한 사실이라면 교양 있는 청중은 처음엔 인정하겠지만 이렇게 새로운 사상을 받아들이기로 한 사람도 결국 무의식의 영향을 받아 금방 본래 가지고 있던 기존의 사고방식으로 되돌아가게 될 것이다. 그리고 며칠 후에 다시 만나게 되면 이 사람은 토씨 하나 틀리지 않고 자신이 이전에 펼치던 주장을 또다시 내세울 게 분명하다. 이미 감정으로 자리 잡은 이전 사상의 지배를 받고 있기 때문이다. 결국 감정으로 뿌리내린 사상만이 우리가 하는 행동과 말의 본질적인 동기에 영향을 미친다. 군중의 경우도 마찬가지다.

하지만 사상은 다양한 과정을 거치면서 일단 군중심리에 스며들면 저항할 수 없는 강력한 힘을 발휘해 일련의 현상을 초래하게 되고, 군중은 이 연쇄적인 파급을 고스란히 겪을 수밖에 없다. 프랑스 대혁명의 불을 지핀 철학 사상이 군중의 영혼에 새겨지기까지 약 한 세기라는 시간이 걸렸다. 이렇게 뿌리내린 사상이 얼마나 강력한 힘을 휘두르는지 모르는 사람이 없을 정도다. 사회적 평등을 쟁취하고, 추상적인 권리와 이상적 자유를 실현하기 위해 온 민족 전체가 들고 일어나자 모든 왕좌가 휘청였고 서구 세계 전체가 발칵 뒤집혔다. 20년 동안 유럽 민족들은 불구대천의 원수처럼 서로 죽고 죽이는 싸움을 벌였고, 칭기즈 칸과 티무르마저도 겁에 질릴 정도의 대규모 학살이 유럽 전역에서 벌어졌다. 그전까지 세상은 하나의 사상이 불길처럼 번져 모든 것을 집어삼킬 만큼의 큰 불이 되는 광경을 한 번도 본 적이 없었다.

사상이 군중의 정신에 뿌리내리는 데에도 아주 오랜 시간이 걸리지만 그 뿌리를 뽑는 데에도 그만큼 많은 시간이 필요하다. 그러므로 사상과 관련해서 군중은 늘 학자나 철학자보다 몇 세대는 뒤처지기 마련이다. 오늘날 모든 정치인은 앞서 언급한 바 있는 기본 사상에 얼마나 많은 오류가 담겨 있는지 잘 알고 있다. 하지만 그 영향력이 여전히 막강하기 때문에 자신들은 더 이상 진실이라고 믿지도 않는 원칙에 따라 통치할 수밖에 없다.

올바르게 추론하지 못하는
군중의 한계

군중이 추론하지 않고, 추론에 쉽게 영향을 받지도 않는다고 무조건 단정할 수는 없다. 하지만 군중이 사용하거나 영향을 받는 논거는 논리적 관점에서 볼 때 너무 수준이 낮아, 억지로라도 비슷한 점을 찾아내야 그나마 추론이라고 주장할 여지가 있어 보인다.

군중의 수준 낮은 추론은 수준 높은 추론과 마찬가지로 연상에 기반을 둔다. 그러나 군중이 연상하는 생각들은 단지 표면적으로만 비슷하거나 연결되는 것처럼 보일 뿐이다. 군중이 생각을 이어나가는 방식은 다음과 같다. 예를 들어 경험을 통해 투명한 물질인 얼음이 입속에서 녹는다는 사실을 알게 된 에스키모는 얼음과 똑같이 투명한 물질인 유리도 마찬가지로 분명

입 속에서 녹을 것이라고 결론을 내린다. 미개인은 용감한 적의 심장을 먹으면 그의 용맹함을 얻게 된다고 믿는다. 또한 고용주에게 한 번 착취당한 노동자는 곧 모든 고용주가 착취를 일삼는다고 생각한다.

  서로 유사한 부분이 없이 표면적인 관계로만 엮여 있는 내용들을 조합하고 특수한 사례를 곧장 일반화하는 기질이 군중의 추론 방식의 특징이다. 군중을 다룰 줄 아는 사람들은 항상 이런 추론 방식을 사용한다. 그래야만 군중에게 영향을 미칠 수 있기 때문이다. 즉 군중은 논리적인 추론 과정을 결코 이해하지 못한다. 이 점이 군중이 추론하지 않고, 하더라도 제대로 하지 못하며, 추론의 영향을 받지 않는다고 말해도 무방한 이유다. 군중이 듣고 엄청나게 감격했다는 연설문들을 읽어보면 막상 내용이 빈약해서 놀랄 때가 있다. 하지만 이 연설문들은 철학자들에게 읽히기 위해서가 아니라 집단을 부추기기 위해 쓰였다는 사실을 잊지 말아야 한다. 군중과 긴밀하게 소통하는 연설가는 군중의 마음을 사로잡을 이미지를 능숙하게 그려낼 줄 안다. 군중을 매혹하는 데 성공한다면 연설가는 목표를 달성한 셈이다. 언제나 그렇듯 다듬어진 책 스무 권 분량의 장황한 연설보다 설득해야만 하는 군중의 뇌리에 박힌 단 몇 마디의 말이 훨씬 더 큰 울림을 준다.

올바르게 추론하지 못하는 군중에게서 어떻게든 비판 정신의 흔적을 찾아보려는 노력은 헛수고다. 다시 말해, 군중은 진실과 오류를 분간할 줄 모르고, 어떤 사안에 관해 정확한 판단을 내릴 능력이 없다. 하지만 구태여 이러한 사실들을 덧붙일 필요는 없어 보인다. 군중은 오직 외부에서 강요된 판단만 받아들일 뿐, 결코 스스로 곰곰이 생각해 판단을 내리지 않는다. 이러한 관점에서 보면 군중의 수준을 넘어서지 못하는 사람이 많다. 특정 견해가 그토록 쉽게 일반화되는 이유는 대부분의 사람들이 자신만의 추론에 기반해 독자적인 의견을 형성하지 못하기 때문이다.

살아 움직이듯 생생한
군중의 상상력

추론 능력이 없는 이들이 그렇듯, 군중의 상상력은 머릿속에 생생한 그림을 그려낼 만큼 매우 강하고, 매우 풍부하며, 외부로부터의 자극에 한없이 약하다. 인물, 사건, 사고로 인해 군중의 머릿속에 떠오른 이미지들은 실제로 살아 움직이듯 생생하다. 군중은 잠들어 있는 상태라고 할 수 있다. 예를 들어, 잠을 자는 동안 이성이 잠시 활동을 멈추면 극도로 강렬한 이미지가 고삐가 풀린 듯 튀어나오지만 곰곰이 생각해보려는 순간 흔적도 없이 사라져버리고 만다. 깊이 성찰하거나 이성적으로 추론할 능력이 없기에 군중은 현실성이 없다는 개념을 알지 못한다. 그런데 일반적으로 가장 사실 같지 않은 일들이 군중에게 가장 강렬한 인상을 남긴다.

그래서 군중은 사건의 경이롭고 전설적인 측면에 마음을 송두리째 빼앗기고 만다. 문명을 분석해보면, 실제로 경이롭고 전설적인 부분이 그 문명을 떠받치는 기둥이었다는 사실을 알게 된다. 역사에서도 항상 표면에 드러난 것이 실제 사실보다 훨씬 더 중요한 역할을 했다. 즉 비현실이 언제나 현실을 능가했다.

　군중은 이미지로만 생각할 수 있기에 이미지에만 자극을 받는다. 오직 이미지만이 군중을 공포에 떨게 하거나 강렬하게 뒤흔들어 행동에 나설 동기를 만들어준다.

　비현실은 군중에게 거의 현실과 동일한 영향력을 행사한다. 군중은 이 두 가지를 구분하지 않는 경향이 강하기 때문이다.

　정복자의 권력과 국가의 힘은 이런 군중의 상상력을 토대로 형성된다. 군중을 이끌기 위해선 무엇보다도 이 상상력을 이용하면 된다. 불교, 기독교, 이슬람교의 창시, 종교개혁, 프랑스 대혁명 그리고 오늘날 위협적으로 확산되고 있는 사회주의까지 역사의 흐름을 바꾼 결정적인 사건들은 모두 군중의 상상력에 강렬한 자극을 가해 만들어낸 직간접적인 결과라고 할 수 있다.

　그래서 모든 시대, 모든 국가의 위대한 통치자들, 심지어 가장 절대적인 권력을 쥔 전제군주조차도 군중의 상상력을 자신

1부_군중의 정신

들의 권력의 기반으로 여겼기 때문에 결코 이 상상력에 반하는 통치를 하지 않으려 애썼다. 나폴레옹은 최고 행정 재판소에서 다음과 같이 말했다. "나는 가톨릭 신자가 되는 방법으로 방데 전쟁을 끝낼 수 있었고, 이슬람의 교리를 존중해 이집트에서 기반을 다졌으며, 교황권 지상주의를 지지해 이탈리아 사제들의 마음을 얻을 수 있었다. 만약 유대 민족을 통치해야 한다면 나는 기꺼이 솔로몬의 성전을 재건할 것이다."

아마 알렉산드로스 대왕과 카이사르 이후 그 어떤 위대한 인물도 군중의 상상력을 자극하는 법을 나폴레옹보다 더 잘 알지는 못했을 것이다. 나폴레옹은 어떻게 하면 군중의 상상력에 깊은 인상을 남길 수 있는지 계속해서 고민했다. 심지어 침상에서 죽음을 맞이하면서도 고민을 멈추지 않았다.

그렇다면 군중의 상상력을 뒤흔드는 방법은 무엇일까? 곧 알아볼 테지만, 일단은 지성과 이성에 호소하려 애쓰는 방법으로는, 즉 논리적 증명을 통해서는 절대로 불가능하다는 정도만 말해두겠다. 어쨌든 안토니우스가 카이사르를 죽인 암살자들에게 분노가 향하도록 민중을 선동할 수 있었던 것은 그가 탁월한 웅변술을 발휘해서가 아니었다. 그는 그저 민중 앞에서 카이사르의 유언을 낭독하고 그의 시신을 보여줬을 뿐이다.

군중의 상상력을 깨우는 것들은 모두 강렬하고 명확한 이미지의 형태를 띤다. 이 이미지에 부차적인 설명은 전혀 필요치 않다. 위대한 승리, 놀라운 기적, 중대한 범죄 그리고 커다란 희망처럼 경이롭거나 불가사의한 몇 가지 사실만 담고 있어도 충분하다. 결국 각인시키고자 하는 내용은 단순하게 뭉뚱그려 제시하고 그 발생 과정은 절대 밝히지 말아야 한다. 100가지의 가벼운 범죄나 사고들은 군중의 상상력에 전혀 영향을 미치지 못한다. 그러나 단 하나의 중대한 범죄나 대형 사고는 비록 자잘한 사고 100개를 다 합친 것보다 피해가 훨씬 적더라도, 군중의 마음을 송두리째 뒤흔들어놓는다. 불과 몇 년 전, 파리에서 단 몇 주 만에 5천 명의 목숨을 앗아간 유행성 독감은 군중의 상상력에 그다지 큰 충격을 주지 못했다. 실제로 수많은 희생자가 나왔지만 한 눈에 들어오는 이미지가 아닌 주간 통계 수치로만 표시되었기 때문이다. 하지만 만약 같은 날, 예를 들어 에펠탑의 붕괴와 같이 확연히 눈에 띄는 사고가 있었다면 5천 명이 아니라 500명이 사망했더라도 군중의 상상력에 어마어마한 충격을 줬을 것이다. 실제로 대서양을 횡단하던 한 여객선이 연락이 두절되어 바다 한가운데서 침몰한 것으로 추정되자, 이 사건은 군중의 상상력을 일주일 내내 커다란 충격에

1부_군중의 정신

잠기게 했다. 그런데 공식 통계자료를 보면 같은 해에 실종된 대형 선박의 수는 약 천여 척에 달했다. 이처럼 연이은 침몰로 인한 인명 피해와 재산 손실 규모가 대서양 여객선 한 척의 사고보다 훨씬 더 컸음에도 불구하고 군중은 대형 선박 실종에는 단 한순간도 신경 쓰지 않았다.

따라서 군중의 상상력에 강렬한 자극을 주는 것은 사건 자체가 아니라 사건이 재구성되고 제시되는 방식이다. 이렇게 표현하는 것이 적절한지는 모르겠으나, 사건들이 '응축'되어 군중의 머릿속을 가득 채우고 끊임없이 맴도는 호소력 짙은 이미지를 만들어야 한다. 군중의 상상력을 뒤흔드는 기술을 아는 자가 군중을 지배하는 법이다.

4장

군중의 모든 신념에 나타나는
종교적 형태

군중이 환호하는 영웅은
군중에게 신과도 같다

우리는 군중이 이성적으로 추론하지 않고, 사상을 통으로 받아들이거나 아예 거부하며, 토론도 반론도 용인하지 않는다는 사실을 확인했다. 또한 군중에게 작용하는 암시는 이해 영역 전체를 장악하고 곧바로 행동에 나서도록 유도하는 경향이 있다는 것도 알았다. 의도대로 암시에 걸린 군중은 그들에게 주입된 이상을 위해 스스로를 희생할 준비가 되어 있다는 점도 살펴봤다. 뿐만 아니라 군중은 오직 강렬하고 극단적인 감정만 느낀다는 사실을 파악했다. 군중 안에서 형성된 공감은 순식간에 숭배로 바뀌지만 반감은 생겨나자마자 곧바로 증오가 된다. 이와 같이 군중이 보여주는 일반적인 성향만으로도 군중의 신념이 어떤 성격을 띨지 짐작할 수 있다.

가까이에서 들여다보면, 군중의 신념은 종교 시대에도 그랬고, 프랑스 혁명과 같은 정치적 대격변 속에서도 항상 특별한 형태로 발현되었다는 사실을 확인할 수 있다. 이 특별한 형태를 규정하는 데 '종교적 감정'보다 더 나은 표현은 없을 것 같다.

이 감정의 특징은 매우 단순하다. 자신보다 우월해 보이는 존재를 숭배하고, 그가 지니고 있다고 추정되는 경이로운 힘을 두려워하며, 그의 명령에 무조건적으로 복종하고, 그가 세운 교리에 반론을 제기하는 행동은 상상도 하지 못하며, 그의 교리를 전파하고자 하는 욕망이 강하고, 이 교리를 인정하지 않는 모든 사람을 적으로 간주하는 경향이 있다. 이런 감정이 보이지 않는 신, 돌이나 나무로 만든 우상, 영웅 혹은 정치적 사상 등 무엇에 투영되든지 상관없이, 앞서 언급한 특징들을 드러낸다면 본질적으로 항상 종교적 성질을 띤다. 그 안에서는 초자연적인 요소와 기적적인 요소가 동일하게 중요하다. 따라서 군중은 현재 자신들을 열광하게 만드는 정치적 수사 또는 승리를 거둔 지도자에게 무의식적으로 신비로운 힘을 부여한다.

신을 숭배하는 것만이 종교적 행위라고 할 수 없다. 생각과 행동의 목표이자 지침이 되는 대의 혹은 존재를 위해 온 정신을 쏟아붓고, 의지를 전부 갖다 바치고, 열과 성을 다한다면 이

또한 종교적 행위다.

종교적 감정에는 언제나 편협함과 맹신이 따른다. 이 두 가지 특성은 지상 또는 천상에서 누릴 수 있는 행복의 비밀을 알고 있다고 믿는 이들에게서 필연적으로 나타난다. 또한 집단을 이룬 모든 사람이 한 가지 신념에 고취될 때도 편협함과 맹신은 어김없이 드러난다. 공포정치를 펼치던 자코뱅파도 종교재판을 벌였던 가톨릭교도만큼이나 본질적으로 종교적이었고, 그들의 잔혹한 열의는 동일한 뿌리에서 나왔다.

군중의 신념에서도 종교적 감정에 내재된 맹목적인 복종, 잔인한 편협성, 과격한 선전 활동에 대한 열망 등의 특징을 찾아볼 수 있다. 따라서 모든 믿음은 종교적인 형태를 띤다고 해도 과언이 아니다. 군중이 환호하는 영웅은 군중에게 그야말로 신과도 같다. 15년 동안 나폴레옹이 그런 존재였다. 어떤 신도 그보다 열렬한 숭배자들을 거느려 본 적은 없었을 것이다. 그만큼 사람들은 나폴레옹을 위해서라면 기꺼이 죽음을 향해서 나아갔다. 이는 제아무리 신이라고 해도 불가능한 일이었다. 기독교나 다른 종교의 신들조차 자신에게 복종하는 영혼들에게 이보다 더 절대적인 지배력을 행사하지 못했다.

종교적 신앙이나 정치적 이념의 창시자들은 모두 군중에게 이와 같은 광신적 감정을 심는 방법을 알고 있었기 때문에 목적을 이룰 수 있었다. 이러한 감정은 인간으로 하여금 숭배와 순종에서 행복을 찾고, 우상을 위해 언제든 기꺼이 목숨까지 바치도록 만든다. 어떤 시대든 마찬가지였다.

프랑스 역사학자인 퓌스텔 드 쿨랑주는 과거 로마의 속국이었던 갈리아를 다룬 자신의 훌륭한 저서에서 로마 제국이 유지될 수 있었던 이유는 무력을 동원해서가 아니라 종교적 경외심을 불러일으켰기 때문이라고 날카롭게 지적했다. 또한 그는 당연하다는 듯이 다음과 같이 말했다. "민중의 공분을 산 체제가 다섯 세기 동안이나 지속된 건 세계사에서 유례를 찾아볼 수 없는 일이다.… 로마 제국이 단 서른 개 군단으로 1억 명을 복종시킬 수 있었던 이유도 도저히 설명되지 않는다." 그들이 무릎을 꿇은 건 로마 제국의 위대함을 상징하는 황제가 만장일치로 신처럼 숭배되었기 때문이다. 로마 제국의 가장 작은 촌락에서도 황제를 위한 제단이 있을 정도였다.

끔찍한 대격변의 사건들 뒤에는
늘 '군중의 영혼'이 있었다

오늘날 군중은 더 이상 자신들의 영혼을 사로잡은 위대한 정복자들을 위한 제단을 만들지 않는다. 대신 동상을 세우고 초상화를 간직한다. 이런 면에서 오늘날 그들을 추종하는 방식은 옛날과 크게 다르지 않다. 이처럼 군중심리의 기본적인 특성을 제대로 간파해야만 역사 철학을 조금이나마 이해할 수 있다. 결국 군중의 신이 되어야 한다. 그렇지 않으면 아무런 가치도 없다.

이러한 믿음을 두고, 이성이 완전히 몰아내버린 아주 오래된 미신일 뿐이라고 생각해서는 안 된다. 이성을 상대로 한 끝없는 싸움에서 감정은 단 한 번도 패배한 적이 없다. 군중은 더 이상 신성이나 종교라는 말을 듣고 싶어 하지 않는다. 아주 오

1부_군중의 정신

랫동안 이 두 가지를 명목으로 내세운 일에 노예처럼 끌려다녔기 때문이다. 그러나 지난 백 년을 돌이켜보면 그 어느 때보다도 많은 우상을 섬기고 있다. 옛 신들조차 이토록 많은 동상과 제단을 가져보지 못했다.

그러므로 군중에게는 종교가 필요하다는 진부한 주장을 반복해봐야 쓸데없이 입만 아프다. 모든 정치적, 종교적, 사회적 믿음은 항상 모든 반박을 막아주는 종교적 형태를 갖춰야만 비로소 군중 안에 뿌리내릴 수 있다. 만약 군중이 받아들이게 할 수 있다면, 무신론도 종교적 감정과 다름없이 열정적이고 편협한 속성을 지니게 되면서 겉으로도 금세 하나의 종교 형태를 띠게 될 것이다.

다시 한 번 강조하지만, 군중의 신념이 결국에는 언제나 종교적 형태를 띠게 된다는 사실을 깨달아야만 비로소 일부 역사적 사건들, 정확히 말하자면 가장 중요한 사건들을 제대로 이해할 수 있다. 일부 사회 현상은 박물학보다 심리학적 관점에서 훨씬 더 깊이 연구해야 한다.

위대한 역사가인 이폴리트 텐은 프랑스 대혁명을 박물학적 시선으로만 연구한 탓에 사건들이 벌어지게 된 실제 원인을 줄곧 놓치곤 했다. 그는 사건들을 완벽하게 관찰했지만 군중심리를 연구하지 않았기 때문에 사건의 배경까지 모두 파악하지는 못했다. 사건의 잔인하고, 무질서하며, 무자비한 측면에 경악한 텐은 위대한 역사적 서사시의 영웅들을 그저 거리낌 없이 본능에 몸을 맡긴 채 미쳐 날뛰는 광포한 야만인 무리로만 치부했다. 프랑스 대혁명 때 드러난 폭력성과 자행된 학살, 군중을 움직이게 만든 선동과 모든 왕을 상대로 선포한 선전포고는, 대혁명이 군중의 마음에 새로운 종교적 믿음으로 확립되는 과정이라고 생각해야만 이해할 수 있다.

종교 개혁, 성 바르톨로메오 축일의 대학살, 종교 전쟁, 종교 재판, 공포 정치는 모두 동일한 성격의 현상이다. 전부 종교적 감정에 고취된 군중이 자신들의 새로운 신념을 확립하는 것에 반대하는 모든 것을 뿌리 뽑기 위해 무자비하게 무력을 행사한 결과였다. 그중에서도 종교재판은 진정으로 자신의 믿음이 옳다고 믿는 모든 사람들이 따르는 방식을 보여준다. 만약 다른 방식을 선택했다면 그는 자신의 믿음에 확신이 없는 자였을 것이다.

앞서 언급한 사건들과 유사한 대격변이 일어나려면 군중의 영혼을 움직여 큰바람을 불러일으켜야만 한다. 가장 절대적인 권력을 휘둘렀던 폭군들조차 자신의 뜻대로 대격변을 만들어

낼 수는 없다. 따라서 성 바르톨로메오 축일의 대학살을 왕 혼자서 저지른 참극으로 보는 역사학자들은 군중심리뿐만 아니라 왕의 심리도 제대로 이해하지 못하고 있다는 사실을 스스로 증명하는 셈이다. 오직 군중의 영혼만이 이러한 격변을 촉발할 수 있다. 가장 전제적인 군주의 절대 권력이라 해도 고작 그 시기를 조금 앞당기거나 늦출 수 있을 뿐이다.

성 바르톨로메오 축일의 대학살도, 종교 전쟁도 왕들이 일으킨 게 아니듯, 공포 정치도 로베스피에르, 당통 또는 생쥐스트가 펼친 게 아니었다. 이러한 사건들 뒤에는 언제나 '군중의 영혼'이 있었다. 결코 왕의 권력이 만들어낸 결과가 아니었다.

군중의 견해와 믿음

1장

군중의 견해와 믿음을 결정하는 간접적인 요인들

1부에서는 군중의 정신 구조를 살펴봤다. 이제 우리는 군중이 어떻게 감정을 느끼고, 생각하고, 추론하는지 알게 되었다. 그렇다면 지금부터는 군중의 견해와 믿음이 탄생하고 확립되는 과정을 파헤쳐보겠다.

이러한 견해와 믿음을 결정하는 데에는 두 가지 요인이 작용한다. 바로 간접적인 요인과 직접적인 요인이다.

간접적인 요인은 군중에게 특정한 신념을 심어주면서 그 외의 다른 신념은 침투하지 못하도록 차단한다. 또한 새로운 사상이 금방이라도 움틀 수 있는 토대를 마련하기도 한다. 새로운 사상이 발휘하는 힘과 그로 인해 만들어지는 결과는 어마어마하다. 하지만 겉보기와 달리, 이는 자연적으로 발생한 것이 아니다. 군중 안에서 특정 사상이 폭발적으로 터져 나와 행동으로 실현되기까지 그 과정은 때때로 놀랄 만큼 급작스럽게 전개되기도 한다. 하지만 이는 겉으로 드러난 결과일 뿐, 그 이면에서 예전부터 어떤 작업이 오랫동안 진행되고 있었는지 알아내야만 한다.

직접적인 요인은 긴 시간 동안 겹겹이 쌓아올려진 선행 작업을 기반으로 군중에게 강렬한 확신을 불러일으킨다. 선행 과정이 없을 땐 아무런 효과도 발휘하지 못한다. 하지만 모든 게 준비된 상황이라면 사상을 구체화하고 폭발적으로 분출시킬 것이며, 그 영향력으로 세상을 강렬하게 뒤흔든다. 예를 들어 직접적인 요소에 자극받은 집단은 돌연 의지에 불타올라 갑자기 봉기하고, 폭동을 일으키거나 파업을 결정한다. 또한 압도적인 다수가 한 사람을 권좌에 앉히거나 정부를 전복시키는 일도 벌어진다.

역사적으로 중대한 사건들을 모두 살펴보면 이 두 가지 유형의 요인이 연쇄적으로 작용한다는 사실을 확인할 수 있다. 예를 들어 가장 인상적인 사건 중 하나인 프랑스 대혁명의 간접적인 요인은 철학자들의 글, 귀족들의 폭정, 과학적 사고의 발달이었다. 이처럼 간접 요인으로 이미 뜨겁게 달궈져 있던 군중의 정신은 웅변가의 연설이나, 별거 아닌 개혁안조차 반대하는 왕실의 저항 같은 직접적인 요인에 의해 쉽게 불타올랐다.

한편 간접적인 요인 중에는 군중의 모든 믿음과 견해의 바탕을 이루는 일반적인 요인들도 포함되어 있다. 그것은 바로 민족, 전통, 시간, 제도, 교육이다.

지금부터는 이러한 요인들이 각자 어떤 역할을 하는지 탐구해보겠다.

간접적인 요인 1:
민족

　민족이라는 요인은 그 자체만으로 다른 모든 요인들보다 훨씬 더 중요하기에 최우선으로 다뤄져야만 한다. 하지만 이미 다른 책에서 충분히 살펴보았으니 여기에서 다시 검토할 필요는 없을 듯하다.

　앞서 발표한 저서 『민족 진화의 심리학적 법칙들』에서 역사적 민족이란 무엇인지 알아보았고, 고유의 특성이 형성되었을 때 유전법칙에 따라 세대를 거쳐 민족에게 강력한 힘이 생성되는 과정도 관찰했다. 이 힘과 비교하면 믿음, 제도, 예술 등, 한마디로 문명의 모든 요소는 그저 민족정신이 겉으로 표출된 결과에 불과하다고 해도 과언이 아니다. 또한 민족의 힘이 너무나 강한 나머지 그 어떤 요소도 철저하면서도 근본적인 변화를 겪지 않고는 한 민족에서 다른 민족으로 전해질 수 없다는 사실도 확인했다. 환경, 상황, 사건들은 그 당시의 사회적 흐름을 반영한다. 따라서 이러한 것들은 군중에게 상당한 영향력을 미칠 수 있지만 이 영향력은 민족의 암시, 즉 선조들로부터 대대로 이어져 온 암시와 상충하면 늘 그렇듯 일시적일 수밖에 없다.

앞으로 이 책의 다른 장에서도 민족의 영향력에 대해 다시 다룰 기회가 있을 것이다. 그 위력은 군중 정신의 고유한 특성을 압도할 정도로 막강하다. 따라서 다양한 국가의 군중들은 믿음과 행동에서 상당한 차이를 보이며, 동일한 방식으로는 영향을 받지 않는다. 이와 같은 사실도 함께 증명해보려 한다.

간접적인 요인 2:
전통

전통은 과거의 사상, 욕구 그리고 감정을 대변한다. 또한 민족정신을 집대성한 총체로서 후손들에게 묵직한 영향력을 행사한다.

발생학을 통해 과거가 생물의 진화에 지대한 영향을 미친다는 사실이 입증된 이후로 생물학에 큰 변화가 찾아왔다. 마찬가지로 이 개념이 더 널리 퍼지게 되면 역사학 또한 지각변동을 겪게 될 것이다. 하지만 이 개념은 아직 충분히 확산되지 않았다. 게다가 수많은 정치인들은 여전히 사회가 과거와 단절되고 이성의 빛만을 길잡이로 삼아 완전히 새롭게 재구성될 수 있다고 믿었던 지난 세기 이론가들의 사상에 머물러 있다.

민족은 과거가 만들어낸 유기체이며, 다른 모든 유기체와 마찬가지로 과거로부터 이어져 내려온 특성들이 서서히 축적되는 과정을 통해서만 변화할 수 있다.

특히 군중을 이루었을 때, 사람들을 이끄는 것은 바로 전통이다. 이미 수차례 반복해서 강조했듯이, 쉽게 바꿀 수 있는 것은 오직 전통의 이름과 표면적인 형태뿐이다. 그렇다고 유감스러워할 필요는 없다. 전통 없이는 민족의 정신을 형성할 수도, 문명을 꽃피울 수도 없을 테니 말이다.

처음 지구에 등장한 이래로 인류는 세대를 거치며 이어져온 여러 전통을 그물망처럼 엮어 체계를 구축한 다음, 효용이 떨어지면 최선을 다해 전통을 파괴하는 두 가지 과업에 주력해왔다. 전통 없이는 문명도 없지만, 전통을 서서히 몰아내지 않으면 발전도 없다. 안정과 변화 사이에서 정확한 균형을 찾기란 쉽지 않다. 아니, 대단히 어려운 일이다.

만약 한 민족 안에서 관습이 여러 세대를 거치며 너무 단단하게 고착되면 그 민족은 더 이상 변화하지 못하고 중국처럼 그 어떤 개선의 여지도 찾아볼 수 없게 된다. 이런 경우에는 격렬한 혁명이 일어나도 아무런 소용이 없다. 결국 끊어진 사슬의 파편들이 다시 결합한다면 과거는 아무런 변화도 없이 자신의 절대적 영향력을 되찾을 테고, 파편들이 그대로 흩어져 버린다면 무질서에 이어 곧바로 쇠퇴의 길로 접어들게 될 것이기 때문이다.

그러므로 과거의 제도를 유지하되 느껴지지 않을 정도로 조금씩만 변화를 주는 게 민족에게 가장 이상적인 방법이다. 그런데 이런 이상에 도달하기란 매우 어렵다. 고대 로마인과 현대 영국인만이 이를 거의 유일하게 실현해낸 민족이라고 해도 과언이 아니다.

바로 군중, 특히 특권층에 속한 군중은 전통적인 사상을 가장 집요하게 고집하며 변화를 완강하게 반대하는 보수주의자들이다. 나는 앞서 군중의 보수주의적 성향을 강조하며, 가장 과격한 반란도 겨우 단어 몇 개를 바꾸는 데 그칠 뿐이라고 지적한 바 있다.

지난 세기말에 교회가 파괴되고, 사제들이 추방되거나 단두대에서 처형되는 등 가톨릭교회가 전 세계적으로 박해받았다. 이런 모습을 보면서 낡아빠진 종교적 사상이 완전히 힘을 잃었다고 여겼을지도 모른다. 하지만 붕괴되었던 가톨릭교회는 몇 년 지나지 않아 수많은 이들의 요구에 의해 다시 부활할 수밖에 없었다. 잠시 사라졌던 낡은 전통이 다시 영향력을 되찾은 것이다. 전통이 군중의 정신에 미치는 위력을 이보다 더 잘 보여주는 사례는 없다.

　가장 두려운 우상은 신전에 모셔져 있지 않다. 가장 포악한 전제군주도 왕궁에 살고 있는 게 아니다. 우상이나 전제군주는 한순간에 무너뜨릴 수 있다. 하지만 우리의 영혼에 군림하는 보이지 않는 지배자에게선 어떠한 저항의 노력으로도 벗어날 수 없다. 다만 오랜 세월에 걸쳐 아주 더디게 약해질 뿐이다.

간접적인 요인 3 : 시간

시간은 생물학적 문제뿐 아니라 사회문제에 가장 강력하게 영향을 미치는 요인 중 하나다. 시간은 유일무이한 진정한 창조주이자 거대한 파괴자다. 모래 알갱이로 산을 쌓아 올리고, 지질시대의 보잘 것 없던 세포를 존엄한 인간으로 진화시킨 것도 바로 시간이다. 오랜 시간이 흐르기만 하면 어떠한 현상이라도 충분히 변화시킬 수 있다. '시간만 주어진다면 개미도 몽블랑 산을 평평하게 만들 수 있다'는 말도 매우 일리가 있다. 만약 시간을 마음대로 다룰 수 있는 마법 같은 능력을 지닌 존재가 있다면 신도들이 신에게만 주어질 것이라고 상상하는 절대적 권능을 가진 셈이다.

하지만 여기에서는 군중의 견해가 형성되는 과정에서 시간

2부_군중의 견해와 믿음

이 미치는 영향에만 집중하려 한다. 이러한 관점에서 보면 시간의 영향력은 엄청나다. 민족과 같은 거대한 힘조차 시간의 지배를 받는다. 시간 없이는 그 힘이 결코 형성될 수 없기 때문이다. 시간은 모든 믿음을 탄생시키고, 성장시키며 소멸하게 만든다. 모든 믿음은 오직 시간에 의해서만 힘을 얻고 잃는다.

군중의 견해와 믿음이 형성되기까지의 준비를 맡아, 이 두 가지가 싹틀 수 있는 토대를 마련하는 것도 결국 시간이다. 그렇기에 한 사상이 특정 시대에는 통할 수 있어도 다른 시대에는 더 이상 그렇지 않을 수도 있다. 시간이 믿음과 사고의 잔재를 잔뜩 쌓아놔야지만, 그 토대 위에 시대를 대표하는 사상이 탄생한다.

사상은 우연히 혹은 아무렇게나 싹을 틔우지 않는다. 제각기 오랜 과거에 깊이 뿌리를 내리고 있다. 사상이 꽃을 피운다면 시간이 그 꽃봉오리가 피어나도록 미리 준비해두었다는 뜻이다. 따라서 사상의 기원을 이해하고자 한다면 반드시 시간을 거슬러 올라가야만 한다. 사상은 과거의 딸이자 미래의 어머니지만 언제나 시간의 노예다.

그러니 시간이야말로 우리의 진정한 지배자이며, 만물의 변화를 보고 싶다면 그저 시간이 흐르도록 내버려두기만 하면 된다. 오늘날 우리는 군중이 드러내는 위협적인 열망과 그 열망이 예고하는 파괴와 격변에 대해 심각하게 우려한다. 하지만 균형을 바로잡을 수 있는 건 오직 시간뿐이다.

프랑스 역사학자인 에르네스트 라비스는 이 주제에 대해 다음과 같이 매우 명료하게 서술했다. "그 어떤 체제도 하루아침에 세워지지 않는다. 정치 기구와 사회 조직도 수 세기에 걸쳐 만들어진 작품이다. 봉건제도 역시 체계가 확립되기 전까지 수백 년 동안 형태가 완성되지 않은 채 혼란스러운 상태로 존재했다. 절대군주제 또한 체계적인 통치 수단을 정립하는 데 오랜 세월이 걸렸고, 이 기다림의 시간 동안 우리는 큰 혼란을 겪어야 했다."

2부_군중의 견해와 믿음

간접적인 요인 4:
정치 제도와 사회 제도

'제도가 사회의 결점을 보완할 수 있고, 체제와 정부를 개선하면 민족의 발전으로 이어지며, 법령으로 사회적 변화를 이룰 수 있다'는 생각은 지금도 여전히 널리 퍼져 있다. 이 생각이 프랑스 대혁명의 출발점이었고, 오늘날 사회 이론의 주요 근거가 되었다.

이 위험한 망상을 해체하기 위한 시도가 오랜 기간 지속적으로 반복되었지만 아직 그 근간을 거세게 뒤흔들기에는 역부족이었다. 철학자들과 역사학자들도 그 부조리를 증명하기 위해 애썼지만 헛수고였다. 그러나 제도도 결국 사상, 감정 그리고 관습의 산물일 뿐이기 때문에 법률 체계를 새롭게 정립한다고 해서 이 세 가지가 달라지지는 않는다는 사실을 밝히는 것은 그들에게 어려운 일이 아니었다. 태어나면서 눈이나 머리카락 색깔을 고를 수 없듯이 제도 또한 마음대로 선택하지 못한다. 제도와 정치 체제는 민족이 만들어낸 것이므로 시대의 창조주가 아니라 피조물에 불과하다.

통치 제도는 민족의 순간적인 변덕이 아닌 민족의 고유한 본성을 바탕으로 결정된다. 정치 체제가 형성되는 데 수 세기가 걸리고 변화하기까지 또 수 세기가 걸린다.

제도는 본질적으로 어떠한 가치도 지니지 않는다. 그 자체로는 좋거나 나쁘다고 평가할 수 없다. 그래서 특정 시기에 특정 민족에게 이롭게 작용한 제도라도 다른 시기에 다른 민족에게는 끔찍할 수도 있다.

따라서 민족이 직접 자신들의 제도를 근본적으로 개혁하는 것 또한 완전히 능력 밖의 일이다. 격렬한 혁명을 대가로 제도의 명칭 정도는 바꿀 수 있을지언정 그 제도의 근본은 바꿀 수 없다. 명칭은 무의미한 이름표일 뿐이어서 본질에 조금이라도 접근하려는 역사학자라면 명칭에는 관심을 둘 필요가 없다.

그러므로 제도적 틀을 하나하나 구축하는 데 시간을 낭비하는 건 매우 유치한 일이며, 말만 번지르르한 무지한 수사학자가 벌이는 쓸데없는 짓에 불과하다. 이러한 제도적 틀을 치밀하게 수립하는 일은 당위성과 시간에 맡기고, 우리는 지혜롭게 이 두 가지 요소가 작동하도록 그저 가만히 내버려두기만 하면 된다.

지금까지 살펴본 바를 종합해보면, 군중의 정신에 깊숙이 영향을 미치기 위한 방법을 제도에서 찾으려 해서는 안 된다는 결론에 도달할 수 있다. 미국처럼 민주적인 제도를 통해 높은 수준의 번영을 누리는 국가들이 있는가 하면, 라틴아메리카 공화국들과 같이 본질적으로는 유사한 제도를 채택하고 있으면서도 극심한 혼란을 겪고 있는 국가들도 있다. 따라서 제도는 국가의 번영이나 쇠퇴와는 아무런 관련이 없다는 사실을 깨닫게 된다.

통치 제도는 민족의 고유한 특성에 따라 결정되므로, 이 특성에 맞지 않는 제도는 본질적으로 빌려 입은 옷이나 일시적인 위장에 지나지 않는다. 물론 마치 성자의 유물처럼 제도에도 행복을 가져다주는 초자연적인 힘이 있다고 믿은 결과, 제도를 강제로 도입하기 위해 참혹한 전쟁과 격렬한 혁명이 일어났으며 앞으로도 그럴 것이다. 이와 같은 봉기를 유발하는 것을 보면 제도가 어떤 의미에서는 군중의 정신에 영향을 미친다고도 할 수도 있다. 하지만 실제로는 그렇지 않다. 우리가 이미 알고 있듯, 제도는 성공했건 혹은 실패했건 그 자체만으로는 아무런 가치도 없기 때문이다. 군중의 정신에 작용하는 것은 환상과 말이다. 특히 비현실적이고 강력한 말일수록 군중을 강렬하게 사로잡는다. 그 어마어마한 영향력에 대해서는 곧 살펴보도록 하겠다.

간접적인 요인 5:
학습과 교육

　우리는 앞서 한 시대를 지배하는 사상이 그리 많지 않고, 때로는 순전한 착각에 불과하더라도 그 영향력만큼은 대단하다는 사실을 확인했다. 오늘날에는 학습을 통해 인간이 완전히 변화할 수 있고, 그 결과 확실하게 성장을 이루면서 심지어는 모두가 평등해질 수 있다는 믿음이 가장 대표적이다. 이러한 주장은 단순히 반복된 것만으로도 결국 민주주의에서 가장 흔들림 없는 정론으로 자리매김했다. 따라서 이제는 과거 기독교 교리만큼이나 건드리기 쉽지 않을 것이다.

　하지만 다른 많은 부분과 마찬가지로 이러한 부분에서도 민주주의 사상은 심리학적 사실 및 경험적 근거와 근본적인 충돌을 빚어왔다. 허버트 스펜서를 포함해 여러 저명한 철학자들은 학습을 통해 인간의 도덕 수준이 더욱 높아지거나 행복지수가 더욱 향상되지는 않으며, 인간의 본성이나 선조로부터 대대로 물려받은 열정도 바꾸지 못할뿐더러 때로는 조금이라도 방향 설정이 잘못되면 유용하기보다는 도리어 훨씬 더 유해하다는 사실을 어렵지 않게 증명해냈다. 통계학자들도 학습의 보편화 혹은 특정 학습의 확대가 범죄율 증가로 이어졌고, 사회의 최대 적이라 할 수 있는 무정부주의자들 중에서 학교를 우수한 성적으로 졸업한 사람의 비율이 높다는 사실을 근거로 제시하며 이러한 관점을 뒷받침했다.

훌륭한 사법관인 아돌프 기요는 최근 자신의 연구에서 문맹인 범죄자가 1천 명이라면 교육을 받은 범죄자는 3천 명에 달한다고 밝히며, 50년 만에 범죄자 수가 인구 40만 명당 227명에서 552명으로 133%나 증가했다고 지적했다. 또한 그와 모든 동료들은 기존의 도제교육 대신 무상 의무교육을 받은 젊은 세대에서 특히 범죄율이 증가하고 있다는 점을 강조했다.

지금까지 이렇게 주장한 사람은 아무도 없었지만, 잘 설계된 학습이 도덕성을 기르는 데는 도움이 못 될지언정 최소한 직업적 역량을 개발하는 데 매우 유용하고 실질적인 결과를 가져다 줄 수 있다는 것은 분명한 사실이다.

2부_군중의 견해와 믿음

안타깝게도 라틴계 민족은 특히 지난 25년 동안 굉장히 잘못된 원칙에 입각해 학습 체계를 세웠고, 가장 뛰어난 지성인들의 충고에도 불구하고 여전히 어리석은 잘못을 답습하고 있다. 나 역시 여러 저서에서 현재 프랑스 교육이 학생 대부분을 사회의 적으로 돌아서게 만들고 있으며, 최악의 형태의 사회주의 신봉자들을 대거 양산하고 있다고 지적한 바 있다.

단도직입적으로 말하자면 라틴식이라고 할 수 있는 이 교육의 가장 위험한 점은 암기식 학습을 통해 지능이 발달한다는 근본적인 심리적 오류에 기반을 두고 있다는 것이다. 그렇기 때문에 학생들은 닥치는 대로 많이 암기하려고 필사적으로 노력했다. 초등학교에 입학해서부터 박사학위를 받거나 교수 자격을 획득할 때까지도 청년들은 결코 판단력을 기르거나 주도적으로 행동하는 일 없이 책만 달달 외울 뿐이다. 청년들에게 학습이란 그저 외운 것을 암송하고 복종하는 과정에 지나지 않는다.

만약 이러한 교육이 단지 쓸모없기만 하다면 초등학교에서 반드시 배워야 하는 수많은 내용 대신 프랑크 왕국 클로타르 왕가의 가계도나 네우스트리아와 아우스트라시아의 분쟁 또는 동물분류법을 공부해야 하는 불쌍한 아이들을 그저 가엾게 여기고 말았을지도 모른다. 하지만 이 교육 방식은 훨씬 더 심각한 위험을 내포하고 있다. 교육을 받은 사람이 태어난 환경을 극도로 혐오하고 거기에서 빠져나오려는 강렬한 욕망에 휩싸이기 때문이다. 결국 노동자는 더 이상 노동자로 남고 싶어 하지 않고, 농부도 더는 농부이고 싶어 하지 않게 된다. 중산층 중에서도 최하위 계층에 속한 사람들은 자식이 국가로부터 월급을 받는 공직 이외에 다른 진로를 선택할 가능성을 전혀 고려하지 않는다. 학교는 학생들에게 인생을 살아가는 방법을 가르치는 대신, 스스로 삶의 방향을 정하거나 전혀 주도적으로 행동하지 않고도 성공할 수 있는 공직에 적합한 인재로 길러낼 뿐이다.

교육은 사회의 하층부에서는 자신의 처지에 불만을 품고 언제라도 반란을 일으킬 준비가 되어 있는 프롤레타리아 집단을 양산한다. 반면 사회의 상층부에는 경박하고 회의적이면서도 귀가 얇은 중산층을 만들어낸다. 이들은 복지국가를 맹목적으로 신뢰하지만 동시에 끊임없이 비판한다. 자신의 잘못을 항상 정부의 탓으로 돌리지만 실제로는 권력 기관이 개입하지 않으면 아무 일도 시작하지 못한다.

교과서를 도구로 삼아 국가가 배출한 이 모든 학위소지자들

중 극소수만이 고용되고, 나머지는 필연적으로 실업 상태로 방치된다. 결과적으로 국가는 첫 번째 집단을 먹여 살리느라 두 번째 집단은 어쩔 수 없이 적으로 돌리게 된다. 사회적 피라미드의 최상층부터 최하층까지, 말단 사무원에서 교수나 도지사에 이르기까지, 오늘날 엄청난 수의 학위 소지자들이 일자리를 구하기 위해 몰려드는 실정이다.

상인이 식민지로 파견할 대리인을 구하기는 하늘의 별 따기만큼 어렵지만, 말단 공직 자리에는 수천 명이 지원한다. 교사 자격증은 취득했지만 학교를 배정받지 못해 일 없이 지내는 상황에서도 농사일이나 공장일은 하찮게 여겨 국가에 생계를 의존하는 교사가 센(Seine)주에만 2만 명에 이른다. 채용 인원이 한정적인 탓에 불만을 품은 사람들이 많을 수밖에 없다. 이들은 지도자가 누구든, 목적이 무엇이든 상관없이 언제라도 혁명을 일으킬 준비가 되어 있다. 직업을 찾는 데 도움이 되지 않는 지식 습득은 사람을 틀림없이 폭도로 만든다.

물론 이러한 흐름을 되돌리기에는 너무 늦었다. 민족에게 최후의 가르침을 주는 경험을 해야만 우리가 저지른 실수를 깨달을 것이다. 지긋지긋한 교과서와 형편없는 시험제도를 직업 교육으로 대체해야 하는 필요성도 오직 경험만이 설득력 있게 증명할 수 있다. 직업 교육은 오늘날 젊은이들이 어떻게 해서든 필사적으로 기피하는 농촌, 공장 그리고 식민지 사업을 하는 기업으로 발걸음을 돌리게 만든다.

지금 모든 지식인이 요구하는 직업 교육은 과거 우리 조상들이 받았던 교육이자, 오늘날 강한 의지와 자주성 그리고 진취성으로 세계를 제패한 민족들이 고수하고 있는 교육이기도 하다. 위대한 사상가 이폴리트 텐은 자신의 훌륭한 저서에서 프랑스의 과거 교육 방식이 오늘날 영국 또는 미국이 채택하고 있는 교육 방식과 거의 흡사하다고 분명하게 지적한 바 있다. 또한 그는 라틴계와 앵글로색슨계 국가의 교육체계를 비교하는 놀라운 연구를 통해 두 교육 방식이 어떤 결과를 불러왔는지 명백하게 보여줬다. 뒷부분에서 이 연구의 가장 핵심적인 부분들을 발췌해 인용하겠다.

설사 우리의 전통적인 교육 방식이 낙오자와 불평분자만을 양성하더라도 방대한 지식을 피상적으로나마 습득하고 수많은 교과서를 완벽하게 암기함으로써 지적 수준이 높아진다면, 아마도 사람들은 마지못해 계속해서 이 방식의 모든 단점을 묵인하고 받아들일지도 모른다. 하지만 이런 식으로 과연 지적 수준을 높일 수 있을까? 결코 그렇지 않다!

인생에서 성공을 결정짓는 조건은 판단력, 경험, 자주성 그리고 인성이다. 하지만 이러한 것들은 책만 읽어서는 얻을 수 없다. 책은 사전처럼 필요할 때 참고하기에 유용할 뿐, 그 긴 내용을 머릿속에 욱여넣는 것은 정말로 무의미하다.

그렇다면 직업 교육은 어떻게 전통적인 교육 방식으로는 도달할 수 없는 수준까지 지적 능력을 키울 수 있는 걸까? 저명한 역사학자 이폴리트 텐은 프랑스식 교육 제도와 앵글로색슨식 교육 제도의 차이점을 밝혔다. 프랑스에는 무수히 많은 특수학교가 있지만 앵글로색슨계 국가에는 없다. 이들 국가에서 교육은 책이 아닌 실습으로 이루어진다. 예를 들어 기술자가 기술을 배우는 곳은 공장이지 학교가 아니다. 이처럼 실습 위주의 교육은 모두가 자신의 지적 능력에 맞는 자리에 도달할 수 있게 해준다. 한계에 부딪히면 노동자 혹은 현장 감독에 머무를 수도 있고, 재능이 있으면 기술자로 성장할 수도 있다. 개인의 진로를 열여덟이나 스무 살에 치르는 고작 몇 시간짜리 시험으로 결정짓는 것보다 이러한 교육 방식이야말로 훨씬 더 민주적이고 사회적으로도 유익하다.

그런데 우리가 지금까지 탐구한 교육 문제는 군중심리와는 한참 동떨어진 주제가 아닐까? 결코 그렇지 않다. 만약 우리가 오늘날 군중 속에서 싹트고 있는 사상과 믿음을 이해하고 미래에 어떻게 꽃피울지 알고 싶다면, 그 기반이 되는 토양이 어떻게 준비되었는지를 알아야만 한다. 한 국가의 젊은 세대가 어떤 교육을 받는지 살펴보면 훗날 이 국가가 어떤 모습일지 예상할 수 있다. 그런데 프랑스에서 현세대가 받는 교육을 들여다보면 가장 암울한 미래를 예측할 수밖에 없다. 군중의 정신이 긍정적으로 변화하거나 부정적으로 변질되는 데는 학습과 교육이 일정 부분 영향을 미친다. 따라서 현행 교육 체계가 군중을 어떻게 형성했는지, 그리고 무관심하고 중립적이었던 대다수의 사람들이 어떻게 해서 점차 이상주의자와 말만 번지르르하게 하는 연설가들의 암시라면 무조건 복종할 준비가 된 거대한 불평분자 세력으로 변했는지 살펴볼 필요가 있었다. 왜냐하면 '학교'라는 곳에서 오늘날 불평분자와 무정부주의자가 자라고 있고, 라틴계 민족의 쇠퇴를 예고하는 미래가 준비되고 있기 때문이다.

2장

군중의 견해에 영향을 미치는 직접적인 요인들

앞서 군중의 정신에 특정 감정과 사상이 꽃필 수 있도록 특별한 감수성을 불어넣는 간접적인 요인들을 살펴보았다. 이제 군중의 정신에 즉각적으로 영향을 미칠 수 있는 직접적인 요인들을 탐구할 차례다. 그리고 다음 장에서는 이 직접적인 요인들을 어떻게 다뤄야 최대한의 효과를 낼 수 있는지 알아보겠다.

1부에서 우리는 집단의 감정, 사상 그리고 이성적 추론을 분석했다. 그리고 여기에서 얻은 지식을 바탕으로 군중의 정신에 깊은 감명을 줄 수 있는 방법들을 대략적으로 도출해낼 수 있을 것이다. 우리는 이미 무엇이 군중의 상상력을 자극하는지 알고 있다. 암시, 그중에서도 이미지 형태로 표현되는 암시가 얼마나 강력한 힘을 발휘하고 얼마나 전염성이 강한지 확인했다. 하지만 암시가 일어나는 원인이 천차만별인 만큼 군중의 정신에 영향을 미칠 수 있는 요인도 무척 다양할 수 있다. 따라서 이 요인들을 각각 따로 관찰해야만 한다. 이 작업은 꼭 필요한 과정이다. 군중에겐 고대 우화에 등장하는 스핑크스와 어느 정도 비슷한 면이 있다. 우리는 군중심리가 제시하는 문제를 풀거나, 아니면 체념하고 군중에게 잡아먹히는 수밖에 없다.

직접적인 요인 1 :
이미지, 단어 그리고 경구

　앞서 군중의 상상력에 대해 분석하면서 군중의 상상력이 특히 이미지에 강하게 자극을 받는다는 사실을 확인했다. 이런 이미지를 항상 마음대로 가져다 쓸 수 있는 것은 아니지만 단어와 경구를 적절하게 사용하면 이미지를 떠올리게 할 수 있다. 단어와 경구는 능숙하게 다뤄지기만 하면 과거 마법 신봉자들이 부여했던 것과 같은 신비로운 힘을 실제로 지니게 된다. 단어와 경구는 군중의 정신에 가장 거센 폭풍을 일으키고 또 잠재울 수도 있다. 단어와 경구의 힘에 희생된 사람들의 해골만으로도 쿠푸왕의 피라미드보다 훨씬 더 높은 피라미드를 세울 수 있을 정도다.

　단어의 힘은 단어에서 연상되는 이미지와 관계가 있을 뿐,

단어의 실제 의미와는 아무런 상관이 없다. 때로는 의미를 정의하기 가장 어려운 단어가 가장 막강한 영향력을 행사하기도 한다. 예를 들어 민주주의, 사회주의, 평등, 자유와 같은 용어들이 그렇다. 의미가 너무나 모호해서 명확하게 정의하려면 방대한 분량의 책을 몇 권을 써도 부족할지도 모른다. 하지만 그 짧은 음절에는 마치 세상의 모든 문제를 해결할 수 있는 답이 담겨 있는 것만 같은, 진정 마법과 같은 힘이 깃들어 있는 것은 분명하다. 각양각색의 무의식적 열망과 이 열망들이 실현되기를 바라는 희망이 단어에 함축되어 있다.

　이성과 논증은 특정 단어나 경구에 맞설 수 없다. 군중 앞에서 특정한 단어를 경건하게 선언하면 그 즉시 군중은 존경심 가득한 표정을 지으며 머리를 조아린다. 많은 사람들이 단어와 경구를 자연의 힘 또는 초자연적인 능력으로 여기기 때문이다. 단어와 경구는 군중의 정신에 웅장하면서도 모호한 이미지를 불러일으킨다. 하지만 이미지 자체를 희미하게 만드는 이 모호함이 오히려 신비로운 힘을 더욱 강하게 만든다. 이러한 점에서 단어와 경구는 성막 뒤에 감춰져 있어 신자들이 다가가기 두려워 벌벌 떨게 만드는 무시무시한 신들과 비견될 수 있을 정도다.

단어에서 연상되는 이미지는 단어의 실제 의미와 무관하기 때문에 동일한 경구에 사용되었다고 하더라도 시대와 민족에 따라 달라진다. 특정한 단어에는 특정한 이미지가 일시적으로 연결되기도 한다. 이때, 단어는 이미지를 불러내는 호출 버튼에 불과하다.

모든 단어와 경구가 이미지를 떠올리게 하는 힘을 가진 것은 아니다. 한때 이미지를 연상시켰지만 그 후 힘을 잃고 더 이상 군중의 머릿속에 그 무엇도 불러일으키지 못하게 되기도 한다. 그러면 그 단어와 경구는 공허한 울림으로 전락해 사용자로 하여금 단지 생각해야 하는 의무에서 벗어나게 해줄 뿐, 다른 실질적인 가치는 없다. 젊은 시절에 배운 몇 가지 상투적인 표현이나 진부한 문구들을 조금이라도 기억하고 있으면 무엇에 관해서든 골치 아프게 고민할 필요 없이 인생을 살아갈 수 있다.

시대에 따라서 의미가 크게 달라지기 때문에 오랫동안 노력하지 않으면 예전의 의미 그대로 이해하기 어려운 단어들이 많다. 이를테면, 우리 조상들에게 왕과 왕족 같은 단어들이 어떤 의미였는지 파악하려고만 해도, 수도 없이 많은 책을 읽어야 한다는 것은 기정사실이다. 그러니 더욱 복잡한 용어들은 어떻겠는가?

이처럼 단어는 시대와 민족에 따라 그 의미가 달라지기 때문에 불안정하고 일시적일 수밖에 없다. 그러므로 단어를 이용해 군중에게 영향을 행사하려면 특정 순간에 군중에게 그 단어가 어떤 의미를 갖는지를 반드시 알아야 한다. 해당 단어가 과거에 어떤 의미였는지 혹은 남다른 정신 구조를 가지고 있는 개인에게 어떤 의미로 받아들여질 수 있는지는 중요하지 않다.

따라서 정치적 격변이 일어나거나 믿음이 변화하면서 특정 단어가 연상시키는 이미지에 대해 군중이 깊은 반감을 느끼게 되었을 때, 진정한 정치인이라면 가장 먼저 그 단어를 다른 단어로 바꾸는 일부터 해야 한다. 물론 본질 자체에는 손을 대지 않고 말이다. 어차피 본질에는 대대로 이어져온 근본적인 특성이 너무나 깊이 뿌리내리고 있어 바꾸기도 무척 어렵다. 뛰어난 식견을 가지고 있던 알렉시스 드 토크빌이 이미 오래전에 지적했듯이, 집정정부와 제1제정은 무엇보다도 과거에 설립된 대부분의 제도를 새로운 이름으로 포장하는 데 주력했다. 즉 군중의 상상력에 불쾌함을 불러일으키는 단어를 다른 새로운 단어로 대체해 비슷한 이미지를 떠올리지 않도록 막는 데 온 힘을 쏟은 것이다. 그래서 타유(Taille)는 토지세, 가벨(Gabelle)은 소금세, 에드(Aides)는 간접세 및 통합세 그리고 장인세와 동업조합세는 사업면허세로 이름이 바뀌었다.

  따라서 정치인이 해야 할 가장 기본적인 역할 중 하나는 군중이 더 이상 용납하기 어려운 과거의 명칭을 대중적이거나 최소한 중립적인 단어로 교체하는 것이다. 단어가 가진 힘은 매우 강력해서 군중에게 강렬한 불쾌감을 주는 대상이라고 해도 적합한 용어를 신중하게 선택해 갖다 붙여주기만 하면 군중이 받아들이도록 만들 수 있다. 역사학자 이폴리트 텐 또한 정확하게 지적했다시피, 자코뱅파는 당시 매우 인기가 높았던 자유와 박애라는 단어들을 내세우며 다호메이 왕국과 견줄만한 폭정을 저질렀고, 종교 재판소와 유사한 재판소를 설치했으며, 고대 멕시코를 연상시키는 대량 학살을 자행할 수 있었다.

  통치자는 변호사처럼 무엇보다도 단어를 잘 다루는 기술이 뛰어나야 한다. 이 기술은 무척이나 어려운데 그 이유 중 하나는, 바로 하나의 사회 안에서도 동일한 단어가 각기 다른 사회 계층에 따라 전혀 다른 의미로 쓰이기 때문이다. 사회의 다양한 계층이 겉으로는 같은 단어를 사용하고 있는 것처럼 보여도 실제로는 단 한 번도 같은 언어를 사용한 적이 없다고 할 수 있다.

  앞선 사례에서, 우리는 단어의 의미를 변화시키는 주된 요인으로 가장 먼저 '시간'을 지목했다. 여기에 또 다른 요인으로

'민족'을 꼽을 수 있다. 예를 들어 동시대에 살며 같은 수준의 문명을 이루었어도 민족이 서로 다르다면, 같은 단어지만 전혀 다른 개념을 가리키는 경우가 무수히 많다. 여행을 많이 하는 사람이 아닌 이상, 이 차이를 이해할 수 없기 때문에 이 부분을 더는 강조하지 않겠다. 다만 '군중이 가장 많이 사용하는 단어야말로 민족마다 그 의미가 가장 크게 달라진다'는 점만 지적하고 넘어가겠다. 오늘날 걸핏하면 쓰이는 민주주의나 사회주의 같은 단어가 대표적인 예다.

실제로 민주주의와 사회주의라는 이 두 단어는 라틴계와 앵글로색슨계 민족의 머릿속에 완전히 상반된 개념과 이미지를 불러일으킨다. 라틴계 민족에게 민주주의라는 단어는 무엇보다도 국가로 대표되는 공동체 앞에서 개인의 의지와 주체성이 말살된다는 의미다. 즉 국가가 점차 모든 것을 주도하고, 중앙집권화하고, 독차지하며, 모든 것을 만들어내는 역할을 맡는 체제를 가리킨다. 이런 체제에서는 급진주의든, 사회주의든 혹은 왕정주의든 예외 없이 모든 정당이 국가에 끊임없이 의존한다. 하지만 앵글로색슨계 민족, 특히 미국에서는 민주주의라는 동일한 단어가 반대로 개인의 의지와 자율성이 극대화되고 국가의 역할은 가능한 한 철저히 축소되는 것을 뜻한다. 경찰, 군대 그리고 외교 관계를 제외하면 국가가 그 무엇에도, 심지어 교육에도 쉽게 개입하지 못하게 한다. 따라서 한 민족에게는 의지와 개인의 주체성이 사라지고 국가가 주도권을 쥔다는 의미를 가진 단어가 다른 민족에게는 개인의 의지와 주체성이 극도로 발달하고 국가가 완전히 배제되는 상황을 가리킨다. 즉 정반대의 의미가 한 단어에 담겨 있는 것이다.

직접적인 요인 2: 환상

문명이 개화하기 시작한 때부터 군중은 언제나 환상의 영향을 받았다. 수많은 신전, 조각상 그리고 제단은 바로 이 환상을 만들어낸 존재들을 위해 세워졌다. 과거에는 종교적 환상이, 현재에는 철학적·사회적 환상이 지구에서 연달아 꽃피운 모든 문명의 정점에서 언제나 전능한 지배자로 군림하고 있다. 이 환상의 이름으로 칼데아와 이집트에 신전이 들어섰고, 중세 시대에 종교 건축물이 세워졌다. 우리의 예술, 정치 또는 사회적 관념 중에서 환상의 강력한 흔적이 남아 있지 않은 것은 단 하나도 없다.

인간은 끔찍한 대혼란을 치른 대가로 환상을 깨부수기도 하지만 언제든 다시 환상에 생명을 불어넣을 수밖에 없는 운명에서 벗어나지 못하는 것 같다. 환상이 없다면 인간은 원시적이고 미개한 상태에서 벗어나지 못했을 것이다. 다시 말해, 환상이 없다면 인간은 머지않아 다시 그 상태로 되돌아가게 될지도 모른다.

환상은 분명 공허한 그림자에 불과하다. 하지만 우리 꿈이 만들어낸 이 환상은 인간으로 하여금 눈부신 예술을 꽃피우고, 위대한 문명을 창조하게 했다.

지난 세기에 활동한 철학자들은 아주 오랜 세월 동안 우리 선조들이 삶의 기반으로 삼았던 종교적·정치적·사회적 환상들을 깨뜨리는 데 열의를 갖고 몰두했다. 다만 이러한 환상들이 부서지면서 희망과 인내의 원천 또한 고갈되었다. 이렇게 환상을 제물로 바친 다음에는, 그 무엇도 보지도 듣지도 못하는 자연의 힘과 맞닥뜨리게 되었다. 이 힘은 약자에게까지 무자비했고, 연민을 베푸는 법을 알지 못했다.

그동안 이루어낸 모든 진전에도 불구하고, 철학은 군중을 사로잡을 수 있을 만한 그 어떠한 이상도 아직 내놓지 못하고 있다. 그러나 군중은 어떤 대가를 치르더라도 환상을 갈망하기에, 마치 빛을 향해 날아가는 곤충처럼 본능적으로 환상을 보여주는 연설가에게 끌리고 만다. 민족을 진화시킨 주요 요인은 오류였지 결코 진실이 아니었다.

　군중은 단 한 번도 '진실'에 목말랐던 적이 없었다. 마음에 들지 않는 진실이 명백히 드러나도 오류가 매력적이라면 진실을 그대로 지나쳐 오류를 숭배하는 쪽을 택한다. 군중을 환상에 빠뜨릴 줄 아는 자는 군중의 지배자가 된다. 반면 군중을 환상에서 벗어나게 하려는 사람은 언제나 그들의 희생양이 된다.

2부_군중의 견해와 믿음

직접적인 요인 3 :
경험

　경험은 군중의 머릿속에 진실을 확고하게 심어주고 극도로 위험해진 환상을 깨뜨릴 수 있는 거의 유일하고, 효과적인 방법이다. 다만 무수히 많은 사람들이 동일한 경험을 하고, 이 경험이 매우 자주 반복되어야만 한다.

　한 세대가 얻은 경험은 일반적으로 다음 세대에게는 소용이 없다. 그래서 역사적 사실을 논증의 증거로 제시해봤자 별 다른 도움이 되지 않는다. 유일한 효용성은, 경험이 한 세대에서 다음 세대로 얼마나 많이 반복되어야만 조금이라도 영향력을 행사하고, 군중의 정신에 단단히 뿌리내린 오류를 하나라도 흔들 수 있는지 증명하는 데 있다.

　지금 우리가 살아가는 이 세기와 이전 세기는 미래의 역사학자들 사이에서 분명 흥미로운 경험의 시대로 평가받을 것이다. 이토록 많은 사건이 벌어진 시대도 없었으니 말이다.

이 중에서도 가장 어마어마한 경험은 바로 프랑스 대혁명이다. 순수 이성의 지침만으로는 사회를 완전히 개혁할 수 없다는 사실을 깨달을 때까지 수백만 명이 학살당해야 했고, 유럽 전체가 20년 동안이나 혼란의 도가니 속에 빠져 허우적거려야 했다.

50년도 채 되지 않는 기간 동안 파멸적인 사건을 두 차례나 경험하고 나서야 독재자를 열렬히 지지한 민족은 얼마나 값비싼 대가를 치러야 하는지 교훈을 얻을 수 있었다. 경험을 통해 모든 게 명백해졌지만 두 번의 사건만으로는 깨달음을 주기에 충분치 않았던 것 같다. 첫 번째 사건(프랑스 대혁명 후의 나폴레옹 전쟁 - 옮긴이)으로 300만 명이 목숨을 잃었고, 외세의 침략을 당했다. 두 번째 사건(프로이센-프랑스 전쟁 - 옮긴이)에서는 영토를 일부 빼앗기고 상비군의 필요성을 깨달았다. 얼마 전 또다시 세 번째 경험을 할 뻔했고, 언젠가는 분명 그런 미래를 맞닥뜨리게 될 것이다.

프로이센-프랑스 전쟁이 일어난 1870년 전까지만 해도 프랑스는 자국민에게 독일군은 규모는 크지만 위험하지 않은 국

2부_군중의 견해와 믿음

민군에 불과하다고 가르쳤다. 하지만 참혹한 전쟁을 겪으며 엄청난 대가를 치르고 나서야 그 가르침이 거짓이었다는 걸 모두가 깨달을 수밖에 없었다. 보호무역주의를 채택한 민족은 결국 파국을 맞이하게 된다는 사실을 인정하기 위해서는 적어도 20년 동안 처참한 경험을 해야 할지도 모른다. 이와 같은 사례는 끝도 없이 늘어놓을 수 있다.

직접적인 요인 4:
이성

군중의 정신에 강한 인상을 남길 수 있는 요인들에 대해 이야기할 때, 이성의 영향력이 가져오는 역효과를 굳이 지적할 필요가 없다면, 이성을 전혀 언급하지 않아도 무방할 것이다.

앞서 이미 살펴보았듯이, 군중은 이성적 추론의 영향을 받지 않고 단순한 연상 작용으로 조잡하게 연결된 개념들만 이해할 뿐이다. 그러므로 군중에게 감명을 주는 방법을 아는 연설가라면 절대로 군중의 이성에 호소하지 않고 감정을 부추긴다.

논리 법칙은 군중에게 전혀 통하지 않는다. 군중을 설득하려면 먼저 군중이 어떤 감정에 자극을 받는지 파악하고, 동일한 감정을 공유하는 척해야 한다. 그런 다음, 단순한 연상 작용을 이용해 강렬한 반응을 유도하는 특정 이미지를 불러일으켜 감

2부_군중의 견해와 믿음

정을 변화시키려 노력해야 한다.

필요하다면 한 발 물러설 줄도 알아야 하고, 특히 매 순간 군중에게서 어떤 감정이 끓어오르는지 읽어내는 것이 중요하다. 말하는 순간에 군중이 보이는 반응에 따라 계속해서 말하는 방식을 바꿔야 하므로 미리 연설을 철저하게 준비해봤자 아무짝에도 쓸모없다. 연설가가 청중의 생각에는 아랑곳 않고 자신의 생각대로 쓴 연설문에 적혀진 대로만 읽는다면, 그 사실 하나만으로도 그는 영향력을 완전히 상실하고 말 것이다.

제법 빈틈없이 짜인 이성적 추론이 뒷받침되어야 그 주장을 납득하는 습관을 가진 논리적인 사람들은 군중에게 호소할 때도 아무 거리낌 없이 같은 방식으로 군중을 설득하려고 한다. 그러면 매번 자신의 논리가 아무런 효과를 발휘하지 못하는 상황을 마주하고 당황한다. 한 논리학자는 다음과 같이 말했다. "삼단논법, 즉 항등식의 조합을 근거로 도출한 통상적인 수학적 결과는 필연적이다…. 만약 항등식의 조합을 이해할 수 있다면 무생물 덩어리조차 이 논리적 필연성에 동의하지 않을 수 없을 것이다." 물론 그렇다. 하지만 군중이 항등식의 조합을 이해하거나, 수긍하는 데 있어 미생물 덩어리보다 더 낫다고 보기도 어렵다. 만약 원시인, 야만인 또는 어린 아이를 이성적 추론으로 설득하려고 시도해본다면 이 논증 방식의 효과가 얼마나 미미한지 알게 될 것이다.

이성적 추론이 감정에 맞서 싸울 때 완전히 무력해진다는 사실을 확인하려고 굳이 원시시대까지 거슬러 올라갈 필요도 없다. 가장 단순한 논리와도 상반되는 종교적 미신이 얼마나 오랜 세월 동안 끈질기게 살아남았는지 떠올려보기만 해도 알 수 있다. 거의 2천 년에 가까운 긴 시간 동안 가장 명석한 천재들도 종교적 율법에 굴복했고, 근대에 들어서야 겨우 그 진위가 의심받기 시작했다. 중세시대와 르네상스 시기에도 깨어 있는 사람들은 많았다. 하지만 이성적 추론으로 종교적 미신의 치졸한 부분을 폭로하거나 악마의 소행이라든가 마녀를 화형에 처해야 한다는 주장에 조금이라도 의문을 제기하게 만든 사람은 단 한 명도 없었다.

그렇다면 이성이 결코 군중을 이끄는 원리가 될 수 없다는 사실을 안타까워해야 할까? 감히 그렇다고 단언하기는 어렵다. 우리에겐 환상이 있기 때문이다. 인간의 이성만으로는 아마 어림도 없었을 테지만, 환상을 통해 인류에게 열정과 대담함을 불어넣어 문명의 길을 걷게 할 수 있었다. 따라서 우리를 이끄는 무의식이 만들어낸 환상은 반드시 필요하다.

2부_군중의 견해와 믿음

각 민족은 정신구조 안에 자신들의 운명을 결정짓는 법칙들을 담고 있다. 어쩌면 불가항력적인 본능이나 심지어 겉보기에 가장 비상식적인 충동에 이끌려 이 법칙에 따라 움직이는지도 모른다. 때로는 민족이 도토리를 떡갈나무로 성장시키고, 혜성이 궤도를 따라 움직이게 만드는 비밀스러운 힘과 같은 어떤 힘의 지배를 받는 것처럼 보이기도 한다.

이런 힘을 어렴풋이나마 짐작하려면 한 민족이 진화하는 일반적인 흐름을 살펴봐야지, 때때로 이러한 진화가 갑자기 나타나는 것처럼 보이는 예외적인 사건들에 집중해서는 안 된다. 만약 이러한 예외적인 사건들만 고려한다면 역사가 도저히 믿기 어려운 우연에 휘둘린다고 생각하게 될 수도 있다.

갈릴리의 한 평범한 목수는 2천 년 동안이나 전능한 신으로 숭배받아 그 이름으로 가장 중요한 문명들이 세워졌다. 몇몇 아랍 부족들은 사막을 떠나 고대 그리스-로마 세계의 드넓은 영토를 정복하고 알렉산드로스 대왕의 제국보다 더 큰 제국을 세웠다. 또한 긴 역사를 자랑하며, 서열이 철저한 유럽에서 한 무명의 포병대 중위는 수많은 민족과 군주들 위에 군림할 수 있었다. 이 사건들 모두 믿기 어려운 우연처럼 보일 수 있지만 역사의 흐름에 따라 필연적으로 일어난 일들이다.

그러니 이성은 철학자들에게 맡기고, 인간을 다스리는 일에 이성을 개입시키는 일에는 너무 많은 것을 바라지는 말자. 명예, 희생, 신앙, 공명심, 조국애는 지금까지 모든 문명의 가장 큰 원동력이었다. 그러나 이러한 감정들은 이성에서 나온 것이 아니라 대개 이성을 거스르면서 생겨났다.

3장

군중의 지도자와
그들의 설득 방법

우리는 이제 군중의 정신 구조를 파악했으며, 군중의 영혼에 강한 인상을 남길 수 있는 동기가 무엇인지도 알고 있다. 지금부터는 이러한 동기들을 어떻게 적용해야 하는지, 누가 효과적으로 활용할 수 있는지 연구할 차례다.

2부_군중의 견해와 믿음

군중의 지도자는
과연 어떤 사람인가?

　동물 떼건, 사람으로 이루어진 군중이건 간에, 일정 수의 살아 있는 존재가 한데 모이면 본능적으로 우두머리의 권위에 의탁하게 된다.

　사람 무리인 군중의 실제적인 우두머리는 대체로 그저 군중을 이끄는 지도자에 불과하지만, 그럼에도 불구하고 그 자체로 막중한 역할을 맡는다. 지도자의 의지를 중심핵으로 의견이 형성되고 통일되기 때문이다. 지도자는 이질적인 군중이 조직되기 위한 첫 번째 요인으로, 군중이 여러 파벌로 조직될 수 있도록 기반을 마련하고 그때까지 군중을 통솔한다. 군중은 지도자가 없으면 아무것도 할 수 없는 노예 무리나 마찬가지다.

　사실 지도자도 대부분 처음에는 지도자를 따르는 군중의 한

명이었다. 스스로가 어떠한 사상의 최면에 걸려 결국 그 사상을 퍼뜨리는 전도사가 된 것이다. 사상에 너무 심취한 나머지 사상 이외에 모든 것이 의미 없어지고, 사상에 반대되는 모든 의견은 오류이자 미신으로 치부해버릴 정도다.

군중의 지도자는 대부분 '생각하는 사람'이 아니라 '행동하는 사람'이다. 군중의 지도자는 통찰력이 거의 없으며, 애초에 통찰력을 가지기도 어렵다. 통찰력은 일반적으로 의심을 불러일으켜 행동을 저지하는 방향으로 이끌기 때문이다. 특히 신경쇠약에 걸린 사람, 과도하게 흥분한 사람, 미치광이의 경계를 넘나드는 반정신병자 중에서 지도자가 많이 나온다.

지지하는 사상 혹은 추구하는 목표가 아무리 터무니없을지라도 이들이 보여주는 확신 앞에 모든 이성적 추론은 힘을 잃는다. 멸시와 핍박을 받아도 아랑곳하지 않는다. 오히려 더욱 흥분할 뿐이다. 개인의 사적 이익은 물론 가족까지, 모든 것을 희생해버린다. 자기 자신을 지키려는 본능마저 포기하고 유일한 보상으로 대개 순교자가 되기를 간청할 정도다.

이처럼 강한 신념은 지도자들의 발언에 강력한 암시의 힘을 실어준다. 군중은 언제든 굳센 의지를 보여주며 자신을 각인시킬 줄 아는 사람의 말을 경청할 준비가 되어 있다. 군중으로 결집한 사람들은 모든 의지를 완전히 상실해버린 탓에 자신들에게는 없는 의지를 지닌 사람에게 본능적으로 의존하는 법이다.

민족에게 지도자가 없었던 적은 단 한 번도 없다. 하지만 모든 지도자가 추종자들이 따를 만큼 강력한 확신에 차 있는 것은 아니다. 오히려 사리사욕만 채우는 데 급급하고, 저급한 본능을 부추겨 군중을 설득하려고 드는 교활한 달변가가 대부분이다. 그래서 이들이 행사하는 영향력은 막대할 수 있어도 늘 순식간에 사라져버리고 만다. 군중의 정신을 고양시켰던 위대한 신념가들은 스스로가 먼저 신념에 깊이 빠져든 후에야 비로소 그 매력을 전파하기 시작했다. 그 결과, 그들은 신념이라고 불리는 엄청난 힘을 군중의 영혼에 새겨넣을 수 있었다. 이 신념은 인간을 자신이 꾸는 꿈의 절대적인 노예로 만들어버린다.

종교적 신념이든, 정치적 혹은 사회적 신념이든, 대의·인물·사상에 대한 신념이든 간에, 신념을 만들어내는 일은 위대한 지도자들에게 주어진 역할 중 가장 중요하다. 그래서 지도자의 영향력은 항상 어마어마하다.

인류가 가진 모든 힘 중에서 신념은 가장 강력한 힘 중 하나였다. 괜히 복음서에 '신념에는 산을 옮길 만한 힘이 담겨 있다'고 쓰여 있는 게 아니다. 인간에게 신념을 불어넣으면 힘이

10배는 더 강해진다. 역사상 위대한 사건들을 일으킨 주체는 바로, 가진 것이라곤 신념밖에 없는 무명의 평범한 사람들이었다. 세상을 지배했던 거대 종교들을 창시하고, 지구 반대편까지 이어지는 광활한 제국을 건설한 주역은 학자나 철학자가 아니었으며, 특히 회의론자들은 더더욱 아니었다.

이러한 사례들은 위대한 지도자들이 있었기에 가능했다. 하지만 이런 지도자들은 역사상 그 수가 너무 적어 쉽게 손에 꼽을 수 있을 만큼 드물다. 이들은 인간을 다루는 능력을 기준으로 나열했을 때 상위권에서 하위권으로 이어지는 서열 안에서 그 정점인 최상위권에 올라서 있다. 예를 들어, 타인을 자유자재로 조종할 줄 아는 강력한 지도자들부터 담배 연기가 자욱한 선술집에서 정작 자신도 거의 이해하지 못한 몇몇 경구를 끊임없이 곱씹으면서 이대로 실행되기만 하면 반드시 모든 꿈과 희망을 이룰 수 있다고 주장하며 조금씩 동료들을 홀리는 노동자에 이르기까지, 규모는 달라도 모두 사람들에게 영향을 미칠 수 있다.

가장 높은 계층부터 가장 낮은 계층까지 모든 사회 영역을 막론하고 인간은 혼자인 상태를 벗어나는 순간 곧바로 지도자의 영향 아래 놓이게 된다. 대부분의 사람들은, 특히 대중에 속하게 되면, 자신의 전문 분야를 제외하고는 어떠한 주제에 대해서도 명확하고, 논리 정연한 생각을 하지 못한다. 스스로 어떻게 처신해야 하는지 알지 못하기 때문이다. 그래서 지도자가 인도자 역할을 한다. 하지만 부득이한 경우에는 한참 부족하긴 해도 정기간행물이 이러한 임무를 대신해서 맡을 수도 있다. 정기간행물은 읽는 사람에게 의견을 주입하고, 이성적으로 생각할 필요가 없도록 틀에 박힌 문장을 제공한다.

지도자는 지극히 독재적인 권력을 휘두른다. 사실, 그래야만 인정받을 수 있다. 그렇기에 권력을 뒷받침할 만한 수단이라곤 아무것도 없는 지도자가 굉장히 난폭한 노동자 계층마저 간단히 굴복시키는 일이 자주 관찰되곤 했다. 노동시간을 정하고, 임금 수준을 결정하며, 파업을 계획해서 정확히 정해진 시간에 시작하고 끝나게끔 하는 식으로 말이다.

오늘날 공권력이 논란의 중심에 놓이고 힘을 잃게 되자, 지도자들이 점차 이 자리를 대신 차지하려는 경향을 보이고 있다. 이 새로운 지배자들의 횡포에 군중은 역대 그 어느 정부 때보다도 훨씬 더 고분고분하게 복종한다. 만약 모종의 사고로 인해 지도자가 종적도 없이 사라지고 그때 바로 그 자리가 채워지지 않는다면 군중은 단결력도, 저항력도 없는 집단으로 돌아가버릴 것이다.

　파리의 승합 마차 노동자들이 파업에 나섰을 때, 이를 주도한 지도자 두 명을 체포하는 것만으로 파업을 즉시 해산시킬 수 있었다. 결국 언제나 군중의 영혼을 지배하는 것은 '자유를 향한 욕망'이 아니라 '예속되고자 하는 욕구'다. 이처럼 군중은 복종하고자 하는 갈망이 너무 강해서 스스로를 지도자라고 자처하는 인물에게 본능적으로 무릎을 꿇는다.

　지도자는 상당히 명확하게 두 부류로 나뉜다. 첫 번째는 활력이 넘치고 강한 의지를 가졌으나 그 상태가 오래 지속되지는 않는 편이다. 반면 두 번째는 강하면서도 집요한 의지를 가졌다. 두 번째 부류의 지도자가 첫 번째 부류보다 훨씬 드물다. 첫 번째 부류는 폭력적이지만 용맹하고 대담해서 주로 기습 공격을 진두지휘하거나 위험을 무릅쓴 채 군중을 인도하고, 이제 막 뽑은 신병을 영웅으로 만드는 데 탁월하다.

　이런 지도자들이 활력은 넘치지만 그것도 잠시일 뿐, 그 활력을 이끌어낸 자극보다 오래가지 못한다. 앞서 언급한 지도자들처럼 넘치는 활력을 주체하지 못했던 영웅들도 보통의 생활로 돌아가면 깜짝 놀랄 정도로 나약한 모습을 보이곤 한다. 다른 사람들을 이끄는 방면에서는 타의 추종을 불허했지만 정작

2부_군중의 견해와 믿음

아주 단순한 상황에서는 깊게 생각하거나 알아서 행동하지 못하는 것처럼 보인다. 이 부류의 지도자들은 자신들을 이끌어 줄 다른 지도자의 지시와 끊임없는 자극이 필요하고, 항상 자신들보다 우월한 인물이나 사상에 따라 명확하게 계획된 지침이 있어야만 제 역할을 다할 수 있다.

반면에 강한 의지를 오래도록 지속할 수 있는 두 번째 부류의 지도자들은 비록 겉으로 보기에 화려하진 않더라도 훨씬 더 강한 영향력을 행사한다. 사도 바울, 무함마드, 크리스토퍼 콜럼버스, 프랑스 외교관 레셉스와 같이 종교를 창시하거나 위대한 업적을 남긴 진정한 선구자들이 이 부류에 속한다. 이들이 현명한지, 아니면 어리숙한지는 중요하지 않다. 세상은 언제나 이들의 편일 테니 말이다. 이러한 지도자들의 집요한 의지는 모두를 굴복시키고 마는 극히 드물고 강력한 힘이다. 강하고 지속적인 의지가 무엇을 해낼 수 있을지 아직 제대로 아는 사람은 아무도 없다. 자연, 신, 인간, 그 무엇도 이 의지를 꺾지 못한다는 사실만 확인되었을 뿐이다.

강하고 지속적인 의지로 무엇을 할 수 있는지 보여준 가장 최근의 인물은 세계를 둘로 가르는 데 성공한 레셉스다. 그는 위대한 통치자들이 3천 년 동안이나 헛되이 시도만 하고 실패했던 과업을 마침내 완수해냈다. 하지만 이후 비슷한 사업인 파나마 운하 건설은 실패하고 만다. 노년에 이르자, 세월 앞에 모든 것이 사그라들었다. 그 강인했던 의지마저 버티지 못했다. 단지 의지만으로 무엇을 이룰 수 있는지 보여주고 싶다면, 수에즈 운하를 파기 위해 극복해야 했던 난관의 역사를 자세하게 알려주기만 해도 충분하다.

위대한 지도자들의 생애를 다룬 책이 있다면 그 안에 포함될 이름은 많지 않을 것이다. 그러나 수는 적어도 이 이름의 주인들은 문명과 역사에서 가장 중요한 사건들의 최전선에 있던 인물들이다.

지도자의 행동 방식:
확언, 반복 그리고 전염

군중을 순간적으로 구워삶아 왕궁을 약탈하거나, 목숨을 걸고 요새 혹은 장벽을 지키는 등 특정 행동에 나서도록 마음먹게 하려면 빠르게 암시를 걸어 영향을 미쳐야만 한다. 그중 가장 강력한 수단은 단연 '예시'를 드는 것이다. 그러려면 군중이 특정한 상황 속에서 이미 준비된 상태여야 하며, 무엇보다도 군중을 이끌고자 하는 지도자는 우리가 이후 살펴보게 될 '위엄'이라는 자질을 갖추고 있어야만 한다.

하지만 군중의 마음에 예를 들어 현대 사회주의 이론 같은 사상이나 신념을 새겨야 할 때라면 지도자들은 다른 방식을 쓴다. 이들은 주로 '확언, 반복, 전염'이라는 가장 확실한 세 가지 방식을 구사한다. 효과가 나타나기까지 시간은 꽤 걸리지만 일단 발동하기만 하면 상당히 오랫동안 지속된다.

모든 이성적 추론과 근거를 배제한 단순명료한 확언은 군중의 영혼에 사상을 주입할 수 있는 가장 확실한 방법 중 하나다. 확언은 간결할수록, 뒷받침하는 근거나 논증을 빼버릴수록, 더욱 강력한 권위를 갖는다. 모든 시대를 통틀어 경전과 법전은 언제나 단순한 확언으로 작성되었다. 어떤 정치적 명분을 옹호해야 하는 정치인들, 광고를 통해 자사 제품을 홍보하는 기업가들은 확언의 가치를 잘 알고 있다.

하지만 확언도 가급적이면 동일한 표현으로 끊임없이 반복되어야만 실질적인 영향력을 발휘한다. 내 기억이 맞다면, 나폴레옹은 믿을 만한 수사법은 오직 단 하나로 '반복'뿐이라고 말했다. 반복된 확언은 사람들의 머릿속에 깊이 자리 잡아 결국 증명된 진리처럼 받아들여진다.

반복이라는 행위가 높은 식견을 갖춘 사람의 정신에도 얼마나 강력하게 작용하는지 고려해보면 군중에게는 어느 정도의 영향력을 미칠지 쉽게 가늠할 수 있다. 반복을 통해 주입된 내용은 우리 행동의 동기를 만들어내는 무의식의 깊은 영역에 뿌리를 내리고야 만다. 반복의 힘은 바로 여기에서 나온다.

시간이 어느 정도 지나면 우리는 확언을 반복한 이가 누군지

2부_군중의 견해와 믿음

잊어버리고, 종내에는 그 주장을 믿게 된다. 광고가 놀라운 힘을 발휘하는 것도 같은 원리다. 이를테면, '최고의 초콜릿은 바로 초콜릿 X'라는 문구를 백 번, 천 번 반복해서 읽고 나면 이 말을 이곳저곳에서 들었다고 착각하고, 나중에는 이 말이 진실이라고 확신하게 된다. 또한 '밀가루 Y가 저명한 인물들이 걸린 고질병도 치료했다'는 광고를 천 번쯤 반복해서 보게 되면 비슷한 병에 걸렸을 때 그 밀가루를 써보고 싶은 마음이 생기기 마련이다. 마찬가지로 'A는 지독한 악당이고, B는 아주 정직한 사람이다'라고 묘사한 기사를 매일 똑같은 신문에서 반복해서 읽다 보면, 내용에 그대로 설득당할 수밖에 없다. 당연한 말이지만 반대 의견을 개진한 다른 신문을 자주 읽어서 두 인물에 대한 평가가 뒤바뀌지 않는 이상, 늘 읽는 신문의 내용에 설득당할 수밖에 없다. 이처럼 확언과 반복만이 진정으로 강력한 힘을 발휘한다. 따라서 이에 맞서려면 똑같은 방식으로 대응해야 한다.

필요한 모든 협력을 돈으로 살 수 있을 만큼 자금력이 엄청난 유명 금융 업체들이 그랬던 것처럼, 확언이 충분히 반복되고 그 과정에서 의견이 만장일치를 이루면 이른바 여론의 동향이 형성되고, 전염이라는 막강한 메커니즘이 개입한다. 군중

안에서 사상, 감정, 정서 그리고 신념은 병원균만큼이나 전염력이 강하다.

이런 현상은 매우 자연스러운 것이라서 동물이 무리를 이루기만 하면 바로 관찰된다. 마구간에서 말 한 마리가 나쁜 버릇을 보이면 같은 마구간의 다른 말들도 즉시 따라한다. 양 몇 마리가 공포에 사로잡혀 무질서하게 움직이면 그 혼란은 삽시간에 양 떼 전체로 퍼진다. 군중을 이룬 사람들 사이에서도 모든 정서는 매우 빠른 속도로 전염된다. 이로 인해 군중 전체가 느닷없이 공포에 휩싸이기도 한다. 심지어 광증과 같은 뇌의 이상조차도 전염될 수 있다. 정신과 전문의들에게서 정신 이상이 흔히 나타난다는 사실은 이미 잘 알려져 있다. 최근에는 광장 공포증을 비롯한 여러 형태의 정신 질환이 사람에게서 동물에게로 전염된 사례가 보고되기도 했다.

여러 사람이 꼭 같은 시간, 같은 장소에 함께 있어야만 전염이 일어나는 것은 아니다. 특정 사건의 영향을 받아 모두가 같은 방향으로 나아가고, 군중 고유의 특성을 띠게 되는 경우, 특히 앞서 살펴본 간접요인의 영향을 받아 준비된 상태라면 더더욱, 멀리 떨어져 있어도 전염이 이루어진다. 일례로 1848년 파리에서 시작된 혁명의 폭발은 급격하게 유럽 전역으로 확산되

2부_군중의 견해와 믿음

어 여러 왕정을 뒤흔들어놓았다.

　사회 현상에 지대한 영향을 미친다고 여겨지는 모방도 사실은 단순히 전염의 결과일 뿐이다. 모방의 영향력은 이미 다른 책에서 다루었으므로, 여기에서는 내가 20여 년 전에 언급한 이후로 다른 작가들이 최근 저서에서 심화시킨 내용을 인용하고 지나가도록 하겠다.

　"동물과 마찬가지로 인간도 본래 모방하는 습성을 타고났다. 모방은 인간에게 하나의 욕구다. 단, 따라 하기 아주 쉬워야 한다는 조건이 붙는다. 이른바 유행에 이토록 강력한 영향력이 생기는 이유도 바로 이 모방 욕구 때문이다. 여론이든, 사상이든, 문학 활동이든 혹은 단지 옷차림이든 간에 감히 유행의 절대적인 영향력에서 벗어날 수 있는 사람이 몇이나 될까? 군중을 인도하려면 논거가 아니라 본보기가 되는 인물을 제시해야 한다. 각 시대마다 자신의 행동을 각인시키는 소수의 인물들이 있고, 군중은 무의식적으로 이들을 모방한다. 하지만 모방의 대상이 되려면 고정관념에서 심하게 벗어나서는 안 된다. 모방하기가 너무 어렵다면 아무런 영향도 미치지 못하게 되기 때문이다. 바로 이러한 이유로 당대에 지나치게 앞서 있었던 사람들은 일반적으로 군중에게 별다른 영향력을 발휘하지 못했다.

둘 사이의 격차가 너무나 큰 탓이다. 유럽인들이 다방면에서 우월한 문명을 자랑했지만, 동양 민족들에게 미친 영향은 극히 미미했다. 앞선 사례와 마찬가지로 양측이 달라도 너무 달랐기 때문이다.

같은 국가에서 같은 시대를 살아가는 사람들은 과거를 공유하고 서로 모방하는 경향이 있어, 이 두 가지 영향에 의해 모두가 비슷해진다. 심지어 이러한 영향에서 분명 가장 멀리 벗어나 있을 법한 이들, 예컨대 철학자, 학자 그리고 문인조차도 사고방식이나 문체가 닮아 있어서 어느 시대에 속해 있는지 단번에 알아차릴 수 있을 정도다. 그래서 굳이 누군가와 오랫동안 대화를 나누지 않아도, 그가 어떤 책을 읽는지, 평상시 무슨 일을 하는지, 그리고 어떤 환경에서 살고 있는지 알 수 있다.”

전염은 무척이나 강력해서 개인에게 특정한 견해를 주입할 뿐 아니라, 감정을 느끼는 방식까지 강요한다. 예를 들어 『탄호이저』 같은 작품들이 혹평을 당하다가 몇 년 후에는 가장 모질게 비방을 퍼부었던 이들로부터 찬사를 받게 되는 것도 바로 전염에 의한 결과다.

군중 사이에서 견해와 신념이 확산될 때는 무엇보다도 전염이라는 메커니즘이 강력하게 작용한다. 여기에서 이성적 추론은 전혀 힘을 쓰지 못한다. 노동자들이 현재 가지고 있는 사고 방식은 선술집에서 확언, 반복 그리고 전염을 통해 확립된다. 시대를 막론하고 군중의 신념도 거의 같은 과정을 거쳐 형성되었다. 에르네스트 르낭은 기독교 초기 창시자들을 '선술집들을 전전하며 자신의 사상을 퍼뜨리는 사회주의 노동자들'에 절묘하게 비유했다. 그런가 하면 볼테르는 그 전에 이미 기독교를 두고 '가장 비천한 천민들이 백 년이 넘는 시간 동안 유일하게 신봉했던 종교'라고 지적한 바 있다.

방금 앞에서 언급한 여러 가지 예시와 유사한 사례에서도 알수 있듯이, 전염은 먼저 민중계층을 휩쓴 다음 사회의 더 높은 계층으로 확산된다. 오늘날 사회주의 이념으로 인해 가장 먼저 피해를 볼 운명에 놓여 있는 사람들의 마음까지 사로잡히기 시작한 것만 봐도 알 수 있다. 전염의 메커니즘이 매우 강력해서 그 앞에서는 개인의 이익마저도 사라져버리는 것이다.

그러므로 민중에게 퍼진 모든 여론은 아무리 터무니없어 보일지라도 결국에는 항상 사회 최상류층까지 맹렬한 기세로 뻗어나가게 된다. 이 현상이 더욱 흥미로운 이유는 다음과 같다. 군중의 신념은 대체로 상위계층에서 비롯된 고상한 사상을 토대로 형성된다. 그런데 사실 이 사상은 대부분 정작 태어난 곳에서는 별다른 영향력을 발휘하지 못했었다. 즉 상위계층에서 만들어져 하위계층에서 확산된 사상이 다시 역으로 상위계층으로 돌아온 셈이다. 이 고상한 사상에 물든 지도자는 이 사상을 완전히 제 것으로 만들어 자신들의 입맛에 맞게 변형한 다음 새로운 파벌을 만든다. 그러면 이 파벌이 다시 한 번 사상을 변형시켜 군중에게 퍼뜨리고, 군중 안에서 사상은 계속해서 점점 더 왜곡되어간다.

이렇게 군중에게 진리가 된 사상은 다시 발원지로 거슬러 올라가 국가의 상위계층에 영향을 미친다. 결국 세상을 이끄는 건 지성이다. 다만, 정말 한참 멀리 떨어져서 관여하는 것이다. 사상을 창시한 철학자들이 먼지가 되어 사라지고 시간이 한참 흐른 뒤에야 방금 전 설명한 메커니즘의 효과에 따라 사상이 결국 세상을 지배하게 된다.

'위엄'이라고 불리는
거부할 수 없는 힘

    확언, 반복 그리고 전염을 통해 전파된 사상은 특히 위엄이라고 불리는 신비로운 힘을 얻게 되었을 때 더욱 커다란 힘을 발휘한다. 사상이든, 사람이든, 세상을 지배하는 모든 것은 주로 위엄이라는 단어로 표현되는 거부할 수 없는 힘을 통해 권위를 인정받았다.

    위엄이라는 단어의 뜻은 알고 있지만 워낙 다양하게 쓰이다 보니 정확하게 정의하기는 쉽지 않다. 위엄에는 존경이나 두려움과 같은 감정들이 동반될 수 있다. 때로는 이러한 감정들이 위엄의 기반을 만들기도 하지만, 위엄은 그 자체만으로도 온전히 존재한다. 가령 알렉산드로스 대왕, 카이사르, 무함마드, 석가모니는 최고의 위엄을 자랑하는 인물들이지만 이미 죽었기에 더 이상 두려움의 대상이 아니다. 그런가 하면 인도 지하 사원의 기괴한 신상들처럼 존경을 불러일으키긴 못하지만 대단한 위엄을 풍기는 것처럼 보이는 존재나 상상의 산물도 있다.

실제로 위엄은 개인, 작품 혹은 사상이 우리 정신에 행사하는 일종의 지배력이다. 이 지배력은 우리의 모든 비판 능력을 마비시키고, 우리의 영혼에 경이와 존경을 채워 넣는다. 다른 모든 감정과 마찬가지로 이러한 감정이 왜 생기는지 설명하기는 어렵지만 최면에 걸린 사람이 느끼는 황홀경과 같은 종류인 게 분명하다. 위엄은 지배력을 행사할 때 가장 강력한 원동력으로 작용한다. 위엄이 없다면, 신도, 왕도 그리고 여성도 결코 군림하지 못했을 것이다.

위엄은 크게 획득된 위엄과 타고난 위엄으로 나눌 수 있다. 획득된 위엄은 이름, 재산, 명성이 가져다주는 위엄으로, 타고난 위엄과는 무관할 수 있다. 반면에 타고난 위엄은 개인의 고유한 특성으로, 명성, 명예, 재산과 공존하거나 이를 통해 강화될 수도 있지만 이런 요소들 없이도 완벽하게 존재할 수 있다.

획득된 혹은 인위적인 위엄은 타고난 위엄에 비해 훨씬 널리 퍼져 있어 더 자주 보게 된다. 단지 특정한 지위에 오르거나, 어느 정도의 재산을 모으거나, 어울리지 않는 작위를 부여받았다는 사실만으로도 개인의 가치가 얼마나 보잘 것 없는지와는 상관없이 위엄을 얻을 수 있기 때문이다. 제복을 입은 군인, 붉은색 법복을 입은 판사는 위엄을 풍긴다. 블레즈 파스칼은 재판관에게 법복과 가발이 필요하다는 사실을 매우 통찰력 있게 지적했다. 법복과 가발이 없으면 재판관은 권위의 대부분을 잃을지도 모른다. 가장 완강한 사회주의자조차도 왕자나 후작을 볼때면 항상 약간 동요하고 만다. 이러한 작위만 소유하고 있으면 상인을 속여 원하는 모든 것을 갈취할 수 있다.

지금까지는 '사람의 위엄'에 대해 이야기했다. 그런데 여론, 문학 및 예술 작품 역시 위엄을 지닐 수 있다. 다만 이 위엄은 대체로 반복이 누적된 결과에 불과하다. 역사, 특히 문학과 예술의 역사는 아무도 검증하려 하지 않는 동일한 판단을 반복하기만 할 뿐이다. 그렇기 때문에 결국 모두가 학교에서 배웠던 내용을 그대로 반복해서 읊기만 한다. 그러면 그 누구도 감히 건드리지 못할 이름과 작품만 남게 된다. 현대 독자에게 호메로스의 작품은 엄청나게 지루할 테지만, 누가 감히 그렇게 말할 수 있을까? 현재의 상태로만 봤을 때 파르테논 신전은 아무런 감흥도 불러일으키지 못하는 폐허일 뿐이다. 하지만 그 위엄이 너무나 커서 수많은 역사적 기억들이 새겨진 위대한 건축

물로 바라볼 수밖에 없다. 위엄의 속성은 사물을 있는 그대로 인식하지 못하도록 우리의 모든 판단력을 마비시키는 것이다.

군중에게는 항상, 개인에게는 대체로 모든 주제에 대해 미리 만들어져 있는 의견이 필요하다. 이런 의견이 주류로 부상하는 데 있어 의견이 옳고 그른지는 중요하지 않다. 이를 결정짓는 유일한 요소는 그 의견이 지닌 위엄이다.

이제 '타고난 위엄'에 대해 알아볼 차례다. 타고난 위엄은 앞서 다룬 인위적 위엄, 즉 획득한 위엄과는 성격이 완전히 다르다. 이 능력은 직함이나 권위와는 전혀 관계가 없다. 극히 소수의 사람들만이 사회적인 위계의 힘을 빌린 것도 아니고, 타인을 지배할 만한 수단도 없는데 오직 이 능력을 통해 자석처럼 주변 사람들을 강렬하게 끌어들이는 매력을 발산한다. 그래서 타고난 위엄을 지닌 사람들이 자신의 사상, 감정을 강요하면 주변 사람들은 마치 맹수가 조련사를 쉽게 잡아먹을 수 있음에도 복종하는 것처럼 순순히 따른다. 석가모니, 예수, 무함마드, 잔 다르크, 나폴레옹 같은 군중의 위대한 지도자들은 굉장히 높은 수준의 위엄을 타고났고, 무엇보다도 위엄을 통해 자신들의 입지를 다졌다. 신, 영웅 그리고 교리는 그 자체로 받아들여질 뿐, 논의의 대상이 아니다. 이 주제에 관해 논의가 시작되는 순간, 그 즉시 위엄을 잃고 사라져버리고 만다.

방금 언급한 위대한 인물들은 세상에 알려지기 훨씬 전부터 이미 사람들을 매혹하는 힘을 가지고 있었다. 이 힘이 없었더라면 유명해지지도 않았을 것이다. 영광의 정점에 올랐을 때 나폴레옹은 당시 자신이 가지고 있던 권력만으로도 분명 엄청난 위엄을 발휘했다. 하지만 아무런 권력도 없고, 완전히 무명이었던 시절에도 그는 어느 정도 타고난 위엄을 보여줬다.

무명의 장군이었던 나폴레옹이 후원자의 도움으로 이탈리아 군대의 지휘관으로 파견되었을 때의 이야기다. 도착하자마자 그는 총재정부가 보낸 이 젊은 불청객에게 살벌한 환영 인사를 준비하고 있던 거친 장군들 한가운데 놓이게 되었다. 하지만 처음 마주한 자리에서 채 1분도 지나지 않아 장차 위대한 인물이 될 그의 눈빛에 장군들은 그만 완전히 기가 눌리고 말았다. 어떤 말도, 몸짓도, 위협도 필요 없었다.

나폴레옹이 위대한 인물이 된 후, 그의 위엄은 그가 쌓아올린 공적과 더불어 더욱 커졌고, 그를 숭배하는 사람들에게는 신에 버금가는 수준에 이르렀다. 난폭한 혁명군인 방담 장군은 1815년 어느 날, 튀일리 궁전의 계단을 오르며 도르나노 총사령관에게 나폴레옹에 대해 다음과 같이 이야기했다.

"이 악마 같은 사내가 제게 알 수 없는 마력을 발휘합니다. 신도, 악마도 두려워하지 않는 저인데, 그에게 다가가면 벌써 어린아이처럼 몸이 덜덜 떨립니다. 그가 명령하면, 바늘구멍을 통과하고 지옥 불에 몸을 던질 수도 있을 것 같습니다."

나폴레옹이 세상을 떠난 후에도 그의 위엄은 사라지지 않고 계속해서 커져갔다. 여전히 그의 전설이 되살아나고 있는 것만 봐도 그의 위대한 환영이 아직도 얼마나 건재한지 알 수 있다. 만약 당신에게 충분한 위엄과 그 위엄을 유지할 능력이 있다면, 사람들을 아무리 핍박하고, 수백만 명을 학살하고, 침략을 일삼더라도 모두 용납될 것이다.

물론 나폴레옹의 경우는 매우 이례적인 사례다. 하지만 위대한 종교, 사상, 제국이 어떻게 탄생했는지 이해를 돕기 위해선 언급할 필요가 있었다. 위엄이 군중에게 미치는 영향을 몰랐다면 이 모든 위대한 사건의 기원을 알아내지 못했을 것이다.

그러나 위엄이 꼭 개인의 지배력이나, 군사적 영광 그리고 종교적 공포를 기반으로 생기는 것은 아니다. 즉 그 기원이 훨씬 평범하더라도 여전히 상당한 영향력을 행사할 수 있다는 의미다. 우리가 살아가는 현시대에도 다양한 예를 찾아볼 수 있다. 그중에서도 여러 시대에 걸쳐 자손 대대로 회자될 가장 인상적인 사례 중 하나로, 두 대륙을 분리해 지구의 모습을 바꾸고 민족 간 교역 관계를 변화시켜 유명인사가 된 레셉스의 이야기를 들 수 있다.

레셉스는 어마어마한 의지를 불태워 자신의 사업을 성공으로 이끌었다. 하지만 그 과정에서 주변 사람들의 마음을 사로잡는 그의 강렬한 호소력도 결정적인 역할을 했다. 그는 앞에 나서기만 해도 모두의 반대를 꺾을 수 있었다. 잠깐 이야기를 나누는 것만으로도 그가 보여주는 매력에 사로잡혀 그에게 반대하던 사람들도 친구가 되었다. 특히 영국인들이 끈질기게 그의 계획에 반대했지만 레셉스가 영국에 모습을 드러내자마자 모든 사람들로부터 동의를 얻어낼 수 있었다.

반대하는 자들을 물리치고, 역경을 극복하며 모든 것을 이겨낸 레셉스는 더 이상 어떤 장애물도 자신을 막지 못할 것이라고 믿었고, 수에즈에서의 성공을 파나마에서도 재현하려 했다. 그는 같은 방법으로 다시 시작했지만, 나이가 든 데다 무엇보다도 어떤 높은 산이라도 들어올릴 것 같던 그의 신념도 이제 야트막한 동산만 겨우 옮길 수 있을 정도로 약해졌다. 결국 이어진 파국이 영웅을 휘감고 있던 눈부신 영광의 휘장을 걷어내 버렸다.

레셉스의 인생은 위엄이 어떻게 커졌다가 사라지는지 여실히 보여준다. 레셉스는 결국 자국 사법관들에 의해 가장 비루한 범죄자들과 같은 신세로 전락했다. 그가 사망했을 때 그의 관은 무관심한 군중 사이를 헤치고 외롭게 지나가야 했다. 오직 외국의 통치자들만이 그를 역사상 가장 위대했던 인물 중 한 명으로 기리며 그에게 경의를 표했다.

하지만 지금까지 언급한 다양한 사례는 극단적인 형태를 보여준다. 위엄의 심리학을 자세하게 정립하려면 이런 사례들은 종교를 창시하고 제국을 건설한 지도자들부터, 새 옷이나 장신구로 주변 사람들의 마음을 사로잡으려는 평범한 개인까지 이어지는 스펙트럼의 양 극단에 배치해야 할 것이다. 이 스펙트럼에서 가장 멀리 떨어져 있는 사례 사이사이에 과학, 예술, 문학 등 문명을 구성하는 다양한 요소에서 나타나는 모든 형태의 위엄을 포함시키면, 위엄이 설득의 기본 요소라는 점을 확인할 수 있을 것이다. 의식적이든 무의식적이든 위엄을 지닌 존재나 사상 혹은 사물은 전염을 통해 즉각 모방되며, 감정을 느끼고 생각을 표현하는 특정한 방식을 세대 전체에 주입한다. 그러면 당대의 모든 세대가 특정한 방식으로만 자신의 감정을 느끼고 생각을 표출하도록 강요당한다. 게다가 모방은 대개 무의식적으로 이루어지며, 바로 그래서 더욱 완벽해진다.

현대 화가들은 원초주의 화가들의 작품 속 빛바랜 색조와 경직된 자세를 재현해내고 있지만 정작 본인들이 어디에서 영감을 받았는지 거의 인식하지 못한다. 자신이 새로운 화풍을 창조했다고 믿으며 스스로의 진정성에 확신을 갖지만, 만약 한 유명한 거장이 이 예술 형태를 부흥시키지 않았다면 지금도 여전히 이 예술 사조의 소박하고 열등한 측면만 봤을 것이다. 또 어떤 화가들은 다른 저명한 거장을 따라 캔버스를 보랏빛 음영으로 가득 채우기도 한다. 50년 전보다 자연에서 더 많은 보라색을 발견해서가 아니다. 단지 기이할 정도로 보라색에 집착했지만 대단한 위엄을 떨쳤던 한 화가의 개인적이고 특별한 인상에서 영향을 받았을 뿐이다. 문명을 이루는 모든 요소에서 이러한 사례는 쉽게 찾아볼 수 있다.

지금까지의 사례를 통해, 위엄이 만들어지는 데는 수많은 요인이 개입한다는 사실을 알았다. 물론 그중 가장 중요한 요인은 언제나 '성공'이었다. 사람이 성공하고, 사상이 인정받으면, 그 사실만으로도 더 이상 반론이 제기되지 않는다. 성공이 위엄의 주요 기반 중 하나라는 증거는, 대부분의 경우 성공이 무너지면 위엄도 함께 사라져버린다는 사실에서 확인할 수 있다.

그 전날까지 군중의 환호를 받던 영웅도 실패라는 돌부리에 걸려 넘어지면 바로 다음 날 같은 군중에게서 손가락질을 당한다. 위엄이 크면 클수록 이러한 반응은 더욱 격렬하게 나타난다. 군중은 추락한 영웅을 자신들과 동등한 존재로 여기고, 이제 더 이상 탁월하다고 인정할 수 없는 그의 앞에 고개를 숙였다는 사실에 복수심을 품는다.

로베스피에르가 동지들을 비롯해 동시대의 수많은 프랑스인들의 목을 쳤을 당시 그의 위엄은 하늘 높은 줄 몰랐다. 하지만 권력을 빼앗기자 그는 곧바로 위엄을 잃었다. 그러자 군중은 단두대로 향하는 그를 쫓아가며 그 전날까지만 해도 그에게 희생된 이들을 뒤따르며 내뱉던 저주의 말을 이번에는 그에게 퍼부었다. 신도들이 과거 자신들이 섬기던 신의 신상을 깨부술 때는 언제나 이렇게 분노에 휩싸이는 법이다.

실패로 말미암아 허물어진 위엄은 순식간에 사라진다. 논쟁을 통해서도 빛이 바래는데, 그 속도는 더디지만 그만큼 결과는 확실하다. 논쟁의 대상이 된 위엄은 이미 더 이상 위엄이 아니다. 오랫동안 자신의 위엄을 지켜온 신과 인간은 자신의 위엄이 논쟁거리가 되는 것을 결코 좌시하지 않았다. 군중이 우러러보는 대상이 되기 위해서는 반드시 군중과 거리를 두어야 한다.

4장

군중의 변덕스러운 신념과
견해의 한계

불변하는 신념이 가진
엄청난 힘

생명체의 해부학적 특성과 심리학적 특성 사이에는 긴밀한 유사성이 존재한다. 해부학적 특성 중에는 결코 변하지 않거나 지질시대만큼 오랜 시간이 지나야 겨우 미세한 변화를 보이는 요소들이 있다. 이렇게 고정적이고 불변하는 특성 옆에는 가변적인 특성도 함께 발견된다. 이 특성은 환경 또는 사육사와 원예사의 기술에 따라 워낙 쉽게 바뀌기 때문에 주의 깊은 관찰자가 아니라면 본질적 특성을 놓쳐버리기도 한다.

도덕적 특성에서도 같은 현상이 나타난다. 한 민족의 변하지 않는 심리적 요소와 더불어 가변적이고 변덕스러운 요소들이 존재한다. 그러므로 한 민족의 신념과 견해를 연구하다 보면 항상 바위를 뒤덮고 있는 모래처럼 유동적인 의견들이 흔들림 없는 견고한 토대를 감싸고 있다는 사실을 확인할 수 있다.

따라서 군중의 신념과 견해는 완전히 다른 두 유형으로 명확하게 나뉜다. 첫 번째 유형은 수 세기 동안 이어져 내려와 문명 전체의 근간이 되는 원대하고 영원불멸한 신념이다. 예를 들어 과거의 봉건주의, 기독교 사상, 종교개혁 사상과 오늘날의 민족 자결주의, 민주주의 및 사회주의 사상들이 여기에 속한다. 두 번째 유형은 시대마다 생겼다 사라지는 일시적이고 변덕스러운 의견으로, 대체로 일반적인 관념에서 비롯되는 경우가 많다. 이를테면 특정 시기에 예술과 문학을 주도하는 이론들, 구체적으로는 낭만주의, 자연주의 그리고 신비주의 등의 사조들을 탄생시켰던 이론들을 말한다. 대부분 유행만큼이나 피상적이고 빠르게 변한다. 비유하자면 깊은 호수의 수면에 끊임없이 나타났다가 사라지는 잔물결과 같다.

원대한 신념이 보편화되는 일은 극히 드물다. 이러한 신념들의 탄생과 소멸은 모든 유서 깊은 민족의 역사에서 정점을 이루고, 문명의 진정한 뼈대를 형성한다.

군중의 정신에 일시적으로 의견을 주입하는 것은 매우 쉽다. 하지만 신념을 오랫동안 유지시키기는 무척 어렵다. 한 번 뿌리내린 신념을 뽑아내는 일 또한 결코 만만치 않다. 신념을 바꾸려면 대체로 폭력적인 혁명을 대가로 치러야만 한다. 다만 이 신념이 군중의 영혼에 미치는 절대적인 영향력을 거의 다 잃었을 때야 비로소 혁명이 힘을 발휘한다. 이때, 혁명은 이미 거의 버려진 것이나 다름없지만 관습이라는 굴레로 겨우 버티고 있던 신념을 완전히 제거하는 역할을 한다. 즉 사실상 혁명이 시작되면 신념은 끝을 맞이한다.

원대한 신념이 정확히 언제 소멸의 길에 들어섰는지는 쉽게 알 수 있다. 바로 신념의 가치가 의심을 받아 도마 위에 오르기 시작한 날이다. 모든 일반적인 신념은 허구와 다름없기 때문에 그 가치를 검증을 받게 되는 순간 살아남을 수 없다.

하지만 신념이 크게 흔들려도 이 신념을 기반으로 세워진 제도는 여전히 힘을 유지하다가 오랜 시간에 걸쳐 서서히 사라진다. 그러다 결국에 신념이 완전히 힘을 잃으면 신념이 지탱하던 모든 것들도 순식간에 무너져버린다. 따라서 어떤 민족이든 신념을 바꾸려면 어쩔 수 없이 문명을 구성하는 모든 요소를 즉시 개혁해야 하는 상황에 처하고 만다. 이러한 결과를 피할 수 있던 사례는 아직까지 단 한 번도 없었다.

민족은 모두가 받아들일 수 있는 새롭고 일반적인 신념을 찾을 때까지 문명의 모든 요소들을 바꿔 나간다. 그 전까지는 물

2부_군중의 견해와 믿음

론 혼란 속에서 살아갈 수밖에 없다. 일반적인 신념은 문명을 지탱하는 필수적인 기둥이자, 사상이 나아갈 방향성을 알려주는 나침반이다. 오직 신념만이 강한 확신을 심어주고, 의무감을 만들어낸다.

민족들은 언제나 일반적인 신념을 품고 있는 상태가 유용하다는 사실을 의식해왔고, 이 신념이 사라지면 몰락의 때가 도래했다는 것을 본능적으로 알았다. 로마를 광신적으로 숭배했던 로마인들은 신념에 불타올라 세계의 지배자가 될 수 있었지만, 이 신념의 불씨가 꺼지자 로마 제국의 영광도 끝이 났다. 이후 로마 문명을 파괴한 야만인들은 공통된 신념을 세우고 나서야 비로소 연대를 이루고 무질서 상태에서 빠져나올 수 있었다.

이처럼 예전부터 민족들이 한 치의 물러섬 없이 자신들의 신념을 강경하게 지켜온 데는 다 이유가 있다. 이러한 관용 없는 태도는 철학적 관점에서 보면 비판받아야 마땅하지만 민족의 삶을 위해서는 가장 필요한 미덕이다. 중세시대에 그토록 많은 화형대가 세워지고, 수많은 발명가와 개혁가들이 형벌은 면했을지언정 절망 속에서 죽어간 것은 모두 일반적인 신념을 확립하고 유지하기 위함이었다. 이 신념을 지키는 대가로 세상은 수도 없이 격변에 휩싸였고, 수백만 명이 전쟁터에서 목숨을 잃었다. 그리고 앞으로도 수많은 이들이 신념을 위해 희생될 것이다.

일반적인 신념을 만들어 세우는 데는 큰 어려움이 따른다. 하지만 일단 확고하게 기반을 다져놓으면 오랫동안 절대로 꺾이지 않는 무적의 힘을 발휘한다. 그래서 철학적으로 오류가 있더라도 가장 명석하다는 지성인들조차 거부하지 못하고 인정하고 만다.

군중의 정신에 새로운 신념이 뿌리를 내리면, 곧바로 제도, 예술 그리고 행동의 원동력이 된다. 이때 신념은 군중의 영혼에 절대적인 지배력을 행사한다. 행동파들은 신념을 실현하는 데만 몰두하고, 입법자들은 단지 신념을 적용하는 데만 신경을 쓰고, 철학자·예술가·문학가들은 다양한 방식으로 이 신념을 표현하는 데만 관심이 있다.

근본적인 신념으로부터 일시적이고 부차적인 사상들이 갑작스럽게 생겨날 수 있지만, 이런 사상들에는 반드시 그 뿌리였던 신념의 흔적이 남아 있다. 이집트 문명, 중세 유럽 문명, 아랍인의 무슬림 문명은 모두 소수의 종교적 신념에서 유래했으며, 이러한 신념은 각 문명의 가장 작은 요소들에도 흔적을 남겼기에 곧바로 눈에 뛴다.

이처럼 일반적인 신념으로 인해 사람들은 각 시대의 전통, 사고방식, 관습으로 짜인 그물 속에서 살아간다. 이 굴레에서 벗어나기란 사실상 불가능하고, 결국 서로가 서로를 닮아가게 된다. 특히 신념과, 이 신념에서 비롯된 관습이 인간을 지배한다. 신념은 우리 삶의 아주 사소한 행동까지 통제하므로 제아무리 독립적인 사람이라 할지라도 그 영향에서 벗어날 생각조차 하지 못한다.

진정한 폭정은 사람의 무의식에 작용하는 폭정이다. 맞서 싸울 방법이 전혀 없기 때문이다. 티베리우스 황제, 칭기즈 칸, 나폴레옹은 분명 무시무시한 폭군이었지만 무덤 깊은 곳에서도 사람들의 영혼에 전혀 다른 차원의 강력한 지배력을 행사하는 이는 모세, 석가모니, 예수, 무함마드, 루터다.

여럿이 힘을 모으면 폭군을 쓰러뜨릴 수는 있다. 하지만 굳건히 자리 잡은 신념을 상대로는 무슨 수를 써야 할까? 프랑스 대혁명은 가톨릭교와의 격렬한 투쟁에서 군중의 명백한 지지를 얻고 종교재판에 버금가는 무자비하고 파괴적인 수단까지 동원했지만 결국 패배하고 말았다. 인류가 겪어온 폭군들의 실체는 죽은 자의 망령이거나 인류가 만들어낸 환상일 뿐이었던 것이다.

일반적인 신념이 안고 있는 철학적 부조리는 신념이 승리하는 데 걸림돌이 된 적이 단 한 번도 없었다. 오히려 신비로운 부조리를 품고 있어야만 승리할 수 있는 것처럼 보이기도 한다. 따라서 오늘날 사회주의 이념이 군중의 영혼을 지배하지 못하는 것은 그 안에 내재되어 있는 명백한 약점 때문이 아니다. 모든 종교적 신념과 비교했을 때 사회적 이념이 실제로 불리한 이유는 단 하나다. 종교가 약속하는 이상적인 행복은 사후에나 실현될 수 있기 때문에 누구도 그 가능성에 대해 이의를 제기하지 못한다. 하지만 사회주의가 약속하는 이상적인 행복은 당장의 현실에서 실현되어야 한다. 따라서 이 이상을 실현하려고 시도하면 이 약속이 얼마나 허황된 것인지 곧바로 드러나고, 이 새로운 이념은 한순간에 모든 위엄을 잃고 만다. 따라서 사회주의가 아무리 힘을 키우더라도, 대중적 지지를 얻고 실제로 실현되기 시작하는 날, 딱 그때까지가 한계다. 물론 이 새로운 종교는 과거의 모든 종교가 그랬듯 처음에는 파괴자로서의 역할을 성공적으로 수행할 것이다. 하지만 이전 종교들과는 달리 그 이후에 창조자의 역할을 소화하기는 어려워 보인다.

감정만 따르는
군중의 변덕스러운 견해

앞서 우리는 불변하는 신념이 가진 힘을 살펴보았다. 이 신념이라는 토대 위에는 끊임없이 나타났다 사라지는 의견, 사상 그리고 사유가 하나의 층을 이루고 있다. 어떤 의견, 사상, 사유는 단 하루만 지속되기도 한다. 사실, 이런 것들이 아무리 중요하다 해도 한 세대를 넘어가는 경우는 드물다.

우리는 이미 앞에서 이러한 의견 안에서 일어나는 변화는 구체적이기보다는 피상적인 경우가 많으며, 언제나 민족적 특성들을 반영하고 있다고 지적한 바 있다. 우리가 살고 있는 정치제도를 예로 들자면, 우리는 왕정주의, 급진주의, 제국주의, 사회주의처럼 겉으로는 굉장히 상반되어 보이는 진영들이 사실상 완전히 동일한 이상을 공유하고 있다는 사실을 확인했다.

이 이상은 전적으로 우리 민족의 정신 구조에서 비롯된 것으로, 다른 민족에서는 비슷한 명칭을 가진 것이 전혀 다른 이상을 지칭하기도 한다. 따라서 의견에 다른 이름을 붙이거나 겉만 번지르르하게 변경한다고 해서 사물의 본질이 바뀌지는 않는다.

프랑스 대혁명 당시, 라틴문학에 푹 빠져 있던 브루주아들은 로마 공화국을 선망하여 로마법을 비롯해 로마 집정관의 권위를 상징하던 파스케스와 로마인이 입던 토가까지 적용하고 로마의 제도와 전례까지 모방하려 갖은 애를 썼다. 하지만 그렇다고 해서 로마인이 될 수는 없었다. 프랑스 역사라는 강력한 암시의 지배를 받고 있었기 때문이다.

철학자의 역할은 표면적 변화에도 불구하고 여전히 남아 있는 오래된 신념들을 찾아내고, 끊임없이 출렁이는 의견의 파도 속에서 무엇이 일반적 신념과 민족의 영혼을 통해 결정되는지 구별해내는 것이다. 만약 이런 철학적 기준이 없다면, 군중이 정치적 혹은 종교적 신념을 툭하면 마음대로 바꾼다고 믿을 수도 있다. 실제로 정치, 종교, 예술, 문학을 포함한 인간 역사의 모든 영역이 이러한 경향을 입증하는 것처럼 보인다.

1790년부터 1820년까지, 즉 한 세대에 해당하는 30년의 짧

2부_군중의 견해와 믿음

은 기간만을 예로 들어보자. 당시, 처음에는 왕정을 옹호했던 군중은 혁명가가 되었다가 후에는 제정주의자가 되더니 다시 왕정주의자로 돌아갔다. 같은 시기에 종교적으로는 가톨릭교도에서 무신론자와 이신론자를 거쳐, 결국에는 가장 극단적인 형태의 가톨릭교도로 되돌아왔다. 그리고 이러한 변화는 비단 군중에게서만이 아니라 군중을 이끌었던 이들에게서도 똑같이 나타났다. 한때 왕을 불구대천의 원수로 여기며, 신도, 지도자도 거부했던 국민공회 의원들이 나폴레옹 앞에서는 유순한 종복이 되더니, 루이 18세 시절에는 경건하게 초를 들고 예배 행렬에 참여하기도 했다. 정말 놀라울 따름이다.

그 뒤로 70년이 흐르는 동안에도 군중의 의견은 수도 없이 바뀌었다. 프랑스에게 '불신의 알비온(알비온은 고대 영국의 명칭이다 - 옮긴이)'이라고 불리던 19세기 초반의 영국은 나폴레옹의 후계자가 통치하던 시절에 프랑스의 동맹국이 되었다. 두 차례나 프랑스의 침략을 겪고, 프랑스의 패전을 그토록 환호했던 러시아는 별안간 프랑스의 우방으로 여겨지고 있다.

문학, 예술 그리고 철학에서는 변화가 더욱 빠르게 이어졌다. 낭만주의, 자연주의, 신비주의 같은 여러 사조가 차례로 나타났다가 사라졌다. 어제까지만 해도 열렬하게 칭송받던 예술가와 작가가 다음날이면 차갑게 외면당했다.

그런데 겉으로는 심오해 보이는 이 모든 변화들을 분석하면, 무엇을 알게 될까? 민족의 일반적인 신념과 감정에 상반되는 모든 변화는 그저 일시적일 뿐이다. 방향을 잃었던 강물도 곧 본래의 흐름을 되찾기 마련이다. 민족의 일반적인 신념이나 감정과 어떠한 연관도 없고, 결과적으로 단단히 고정되어 있지 않은 의견은 모든 우연에 휘둘리게 된다. 다시 말해 환경의 사소한 변화에도 쉽게 영향을 받는다. 암시와 전염으로 형성된 의견은 언제나 일시적이다. 바람에 실려 바닷가에 쌓인 모래 언덕만큼이나 빠르게 생겨났다가 사라져버린다.

오늘날 군중의 의견은 과거 그 어느 때보다도 유동적이고 다양해졌다. 여기에는 세 가지 이유가 있다.

첫째, 과거의 신념이 점차 지배력을 상실하고 있어, 예전만큼 일시적인 의견에 영향을 미치지도 방향을 제시하지도 못하기 때문이다. 일반적인 신념이 사라지면 과거도 미래도 없는 수많은 개별적 의견들이 그 자리를 대신하게 된다.

둘째, 군중의 힘은 점점 커지는데 이를 상쇄할 견제 세력은 사라지는 추세여서, 군중의 사상에서 나타나던 극단적 유동성이 이제는 제약 없이 자유롭게 발휘될 수 있기 때문이다.

셋째, 최근에 언론 매체가 확산되면서 군중에게 끊임없이 양극단의 의견들을 전하기 때문이다. 각각의 의견이 만들어내려는 암시는 곧 정반대의 의견에서 비롯된 암시에 의해 파괴된다. 따라서 어떤 의견도 확산되지 못한 채 하루살이처럼 금세 사라지고 만다. 일반적 의견이 될 정도로 충분히 널리 퍼지기 전에 소멸해버리는 것이다.

이처럼 다양한 이유로 세계 역사상 전례가 없을 정도로 새로우면서 현시대의 특징을 고스란히 담고 있는 현상이 나타났다. 정부는 이제 더 이상 여론을 주도할 만한 능력이 없다. 과거에, 그것도 그리 오래되지 않은 과거에만 해도 정부의 힘, 몇몇 작가와 극소수 신문의 영향력이 여론을 실질적으로 좌지우지했다. 하지만 오늘날 작가들은 영향력을 완전히 잃었고, 신문도 그저 여론을 반영하기만 할 뿐이다. 정치인은 여론을 주도하기는커녕 뒤따라가기에 급급하다. 게다가 여론을 두려워한다. 그 두려움이 때로는 공포에까지 이르러 정책의 일관성을 잃어버릴 정도다.

따라서 군중의 여론은 점차 정치의 방향을 결정짓는 최우선 요소로 자리 잡아가고 있다. 오늘날에는 군중의 여론이 동맹을 강요할 정도로 영향력이 막강하다. 최근에 두 눈으로 확인했듯, 러시아와의 동맹은 전적으로 민중운동에 의해 성사된 것이다. 또한 요즘 교황, 국왕 그리고 황제가 특정 주제에 관하여 자신의 생각을 밝히고 군중의 판단을 얻고자 자리를 마련해 대화하려 노력하는 모습을 보게 되는데, 참으로 흥미로운 현상이 아닐 수 없다. 예전에는 정치가 감정과는 무관하다고 말할 수 있었다. 하지만 이성은 무시한 채 오로지 감정만 따르는 변덕스러운 군중의 충동이 정치의 방향을 좌우하는 지금도 여전히 그렇다고 할 수 있을까?

한때 여론을 주도했던 언론은 정부가 그랬듯 군중의 힘 앞에서 물러설 수밖에 없었다. 물론 언론은 지금도 상당한 힘을 휘두르고 있지만, 단지 군중의 여론과 그 끊임없는 변화를 그대로 반영하고 있을 뿐이기 때문이다. 단순한 보도기관이 되어버린 언론은 더 이상 어떤 사상이나 이론을 불어넣으려 애쓰지 않는다. 이제는 그저 대중의 변화하는 생각에 맞춰갈 뿐이다. 그렇게 하지 않으면 다른 매체와의 경쟁에서 밀려 독자를 잃게 될 수도 있기 때문이다.

한 세대 전만 해도 사람들이 경건한 마음으로 신탁을 받들 듯 읽던 역사 깊은 신문들은 과거에는 엄숙하고 영향력이 있었지만 이제는 사라져버리거나, 재미있는 소문, 사교계 가십 그리고 금융 광고로 채워진 단순한 정보지로 전락했다. 오늘날 기자들이 개인적인 의견을 마음껏 펼치게 해줄 만큼 재정적 여유가 충분한 신문사가 있긴 할까? 설령 있다 해도 단지 정보를 얻거나 즐거움을 찾는 데만 관심이 있고 기자들의 모든 조언 뒤에는 항상 큰손이 숨어 있다고 의심하는 독자들에게 이런 의견이 과연 얼마나 영향력을 미칠 수 있을까?

평론도 더 이상 책이나 연극 공연을 세상에 널리 알릴 만한 힘이 없다. 오히려 해만 끼칠 뿐 도움이 되지 않는다. 신문사들은 비평이나 개인의 의견이 하등 쓸모없다는 사실을 너무나 잘 알고 있기에 점차 문학 평론에 할애하는 지면을 줄이고 단지 책 제목과 두세 줄의 소개 글만 싣기 시작했다. 20년 후면 아마 연극 비평도 같은 전철을 밟게 될 것이다.

이렇게 여론을 살피는 일은 오늘날 언론과 정부의 주요 관심사가 되었다. 그들은 사건이나 법안, 연설이 가져오는 결과를 하나도 빠짐없이 알고 있어야 한다. 그러나 쉽지 않은 일이다. 군중의 생각만큼 유동적이고 변화무쌍한 것도 없어서, 전날만 해도 갈채를 보내놓고 오늘은 맹렬한 비난을 퍼붓는 일이 비일비재하기 때문이다.

이처럼 여론을 이끄는 힘이 완전히 사라진 와중에 일반적인 신념마저 해체되면서 결과적으로 모든 신념이 산산조각 났으며, 군중은 자신과 명확히 직접적인 이해관계가 없는 일에는 점점 더 무관심해지고 있다. 사회주의 같은 이념을 진심으로 믿고 지지하는 사람은 광산이나 공장 노동자들처럼 완전히 무지한 계층에서나 찾아볼 수 있다. 그래도 소시민과 약간의 교육을 받은 노동자는 회의적인 태도를 보이거나 적어도 철저하게 유동적인 입장을 취한다.

오늘날 모든 의견은 토론과 분석 앞에서 그 권위를 잃는다. 각 관점은 금세 닳아 없어지고, 우리를 열정적으로 사로잡을 수 있는 의견은 거의 남아 있지 않다. 현대인은 점점 더 무관심에 잠식되고 있다.

그렇다고 해서 대중의 의견이 붕괴하는 현상을 너무 안타까워할 필요는 없다. 이런 붕괴가 한 민족의 쇠퇴를 보여주는 징후일지라도 부인할 수는 없을 것이다. 하지만 혜안을 지닌 선각자, 사상의 전도자, 군중의 지도자, 한마디로 신념을 지닌 자들은 분명 부정적이거나 비판적이거나 무관심한 사람들과는 전혀 다른 힘을 가지고 있다. 그러므로 한 가지는 잊지 말아야 한다. 현재 군중의 강력한 힘을 고려할 때, 단 하나의 의견이라도 충분한 권위를 얻어 대중 속에 견고하게 자리 잡는다면, 곧

2부_군중의 견해와 믿음

전제적인 힘을 휘두르게 될 테니 모든 것은 그 앞에 무릎 꿇을 수밖에 없다. 그러면 결국 자유로운 토론의 시대는 이후 오랫동안 막을 내리게 될 것이다.

군중은 때때로 그러했듯, 평화를 사랑하는 지배자가 되기도 하지만 동시에 폭발적인 변덕을 부리기도 한다. 문명이 군중의 손에 떨어지면 그때부터 온갖 우연에 휘둘리기 때문에 오래 지속될 수가 없다. 만약 무언가가 조금이라도 붕괴의 때를 늦출 수 있다면, 바로 여론의 극도로 유동적인 성격과 모든 일반적인 신념에 점점 더 무관심해지는 군중의 태도일 것이다.

3부

___

군중의 다양한
유형 분류와 묘사

1장

군중의 분류

조직된 군중은
어떻게 분리되는가

    우리는 이 책에서 심리적 군중에게 공통적으로 나타나는 일반적 특성을 알아봤다. 이제 이러한 일반적 특성에 더해, 다양한 유형의 집단이 적절한 자극을 받아 군중으로 변모할 때 나타나는 고유한 특성을 살펴볼 차례다.

    먼저 군중을 어떻게 분류할 수 있는지에 대해 간략하게 설명해보겠다.

    우선, 단순히 다수로 구성된 무리부터 시작해보자. 다양한 민족에 속하는 개인들이 모여 다수를 이룰 때, 가장 열등한 형태의 군중이 형성된다. 이들을 이어주는 연결고리라고는 오직 지도자의 의지뿐이다. 이 의지마저도 군중으로부터 온전히 존중받지 못할 수도 있다. 수 세기 동안 로마 제국을 침략했던 매우 다양한 출신의 야만인들이 전형적인 예다 .

다양한 민족으로 구성된 군중 위에는 특정 요인의 영향을 받아 공통된 특성을 획득하고 마침내 하나의 민족을 이루게 된 집단이 있다. 이들은 군중의 고유한 특성을 드러낼 때도 있지만 대체로 민족성에 의해 억제된다.

이 두 유형의 무리는 이 책에서 다뤘던 여러 요인들의 영향을 받으면서 조직된 군중 또는 심리적 군중으로 탈바꿈하기도 한다. 이렇게 조직된 군중은 다시 다음과 같이 분류된다.

이질적 군중	익명 군중 (예: 거리의 군중)
	비익명 군중 (예: 배심원단, 의회 등)
동질적 군중	분파 (예: 정파, 종파 등)
	배타적 폐쇄집단 (예: 군대, 성직자, 노동자 등)
	사회계급 (예: 부르주아, 농민 등)

이제 이 다양한 군중 유형들이 어떤 특성에서 차이를 보이는지 대략적으로 알아보도록 하겠다.

이질적 군중:
익명 군중과 비익명 군중

이질적 군중의 특성은 앞에서 이미 살펴보았다. 이 집단은 구성원의 직업이나 지적 수준과 상관없이 평범한 개인들로 이루어져 있다.

사람들이 모여 군중을 형성하면, 그 사실만으로도 개인 심리와는 본질적으로 다른 집단 심리가 만들어지며, 아무리 지능이 뛰어나더라도 이러한 심리적 변화에서 예외일 수 없다는 것을 우리는 이미 알고 있다. 앞서 살펴보았듯이, 집단 안에서는 지능도 아무런 역할을 하지 못한다. 오직 무의식적인 감정만이 작용할 뿐이다.

근본적인 요인인 '민족'은 다양한 이질적 군중들을 상당히 명확하게 구분할 수 있는 기준이다.

앞서 이미 여러 차례 민족의 역할을 탐구했고, 그 결과 민족이 인간의 행동을 결정지을 수 있는 가장 강력한 요인 중 하나라는 사실을 확인했다. 또한 민족은 군중의 특성에도 영향을 미친다. 예를 들어, 평범한 개인들이 모인 집단이더라도 영국인이나 중국인처럼 단일 민족으로 구성된 군중은 러시아, 프랑스, 스페인 등 다양한 민족으로 이루어진 군중과는 확연하게 다를 것이다.

선조로부터 대대로 물려받은 정신구조는 개인이 감정을 느끼고 사고하는 방식에 근본적인 차이를 만들어낸다. 비록 드문 일이기는 하지만, 서로 다른 국적의 사람들이 거의 동일한 비율로 하나의 군중을 이루게 되면 겉으로는 동일한 이해관계로 모인 것처럼 보여도 서로 다른 정신구조의 차이는 즉각적으로 극명하게 드러나기 마련이다. 같은 맥락에서, 사회주의자들이 각국의 노동자 대표들을 한데 소집해 대규모 회의를 개최하려고 시도할 때마다 항상 격렬한 갈등과 불협화음으로 끝이 나곤 했다. 라틴계 군중은 혁명적이든 보수적이든 상관없이 자신들의 요구를 관철하기 위해 언제나 국가의 개입을 요청할 것이다. 이들은 중앙집권주의를 지지하고, 독재정권에 다소 긍정적인 입장이다. 반대로 영국이나 미국 군중은 국가에 의존하기보다는 개인의 자주적 행동에 호소한다. 또 프랑스 군중은 무엇보다도 평등에 중점을 두고, 영국 군중은 자유를 강조한다. 바로 이러한 민족성의 차이로 인해 사회주의와 민주주의는 거의 국가의 수만큼 다양한 형태로 나타난다.

따라서 민족의 영혼은 군중의 영혼을 완전히 지배한다고 할 수 있다. 민족정신이야말로 흔들리는 군중을 잡아주는 굳건한 토대다. 민족정신이 강할수록 군중의 열등한 특성이 덜 부각된다는 사실을 기본 법칙으로 생각하자. 군중은 야만적인 상태에 놓여 있으며 민족을 군중이 지배하게 된다는 것은 야만으로 돌아가는 것을 의미한다. 따라서 민족이 군중의 무분별한 힘으로부터 차차 벗어나고 야만에서 빠져나오려면 견고하게 조직된 민족정신을 획득해야만 한다.

민족 외에 이질적 군중을 분류하는 중요한 기준은 익명성뿐이다. 예를 들어 거리의 군중은 익명 군중으로, 심의회나 배심원단은 비익명 군중으로 분류할 수 있다. 익명 군중에서는 전혀 찾아볼 수 없고, 비익명 군중에게선 강하게 나타나는 '책임감'의 유무에 따라 두 집단의 행동 방향성이 크게 달라진다.

동질적 군중:
분파, 배타적 폐쇄집단, 사회계급

동질적 군중에는 분파, 배타적 폐쇄집단, 사회계급이 있다.

분파는 동질적 군중이 조직되는 첫 번째 단계다. 분파의 구성원들은 신념이라는 공통분모만 공유할 뿐, 교육 수준, 직업, 환경 등에서 큰 격차를 보인다. 그 예로는 종파와 정파가 있다.

배타적 폐쇄집단은 군중이 도달할 수 있는 가장 고차원적인 조직이다. 분파가 서로 다른 직업, 교육 수준, 환경을 가진 개인들이 오직 신념이라는 공통분모로 엮인 집단이라면, 배타적 폐쇄집단은 같은 직업에 종사하기 때문에 결과적으로 교육 수준이나 환경이 엇비슷한 개인들로 구성된다. 군대, 성직자 집단을 예로 들 수 있다.

사회계급은 신념 공동체인 분파나, 직업 공동체인 배타적 폐쇄집단과는 달리 출신은 다양하지만 특정 이해관계, 생활 습관, 교육 수준 등이 매우 유사한 개인들로 구성된다. 부르주아 계급과 농민 계급 등이 여기에 해당한다.

분파, 배타적 폐쇄집단 그리고 사회계급으로 분류되는 동질적 군중은 다음 책에서 연구하기로 하고, 이 책에서는 이질적 군중만 살펴보려 한다. 따라서 동질적 군중의 특성은 이번에 다루지 않고 전형적인 예로 선정된 몇 가지 유형의 이질적 군중에만 집중해보겠다.

2장

범죄자로 분류되는 군중

범죄자 군중에게서 발견되는
일반적인 특성

일정 기간 동안 자극을 받으면 군중은 암시에 따라 무의식적으로 움직이는 단순한 꼭두각시 상태로 전락하기 때문에 어떤 경우에도 이들을 범죄자로 규정하기는 어려워 보인다. 하지만 최근 심리학 연구에서 '범죄자'라는 용어를 인정했으므로, 표현은 잘못됐지만 그대로 사용하고자 한다. 군중의 일부 행동은 그 자체만 놓고 보자면 분명히 범죄에 해당한다고 할 수 있다. 그러나 그렇게 단순하게만 본다면, 이는 마치 호랑이가 힌두인을 잡아먹기 전 새끼들이 물어뜯고 가지고 놀 수 있게 내버려 두는 모습을 보고 범죄라고 하는 것이나 마찬가지다.

군중은 일반적으로 강력한 암시에 걸려 범죄를 저지르기 때문에 각 개인은 범죄에 가담했더라도 의무에 따랐을 뿐이라고

3부_군중의 다양한 유형 분류와 묘사

확신한다. 보통의 범죄자와는 완전히 다른 태도다.

군중 범죄의 역사를 살펴보면 앞서 설명한 내용을 명확하게 이해할 수 있다.

그중에서도 바스티유 감옥 소장이었던 드 로네이 살해 사건은 군중 범죄의 전형적인 예로 꼽힌다. 바스티유 감옥을 탈취한 뒤 극도로 흥분한 군중은 로네이 소장을 에워싸고 무차별적으로 두들겨 팼다. 그를 교수형에 처해야 한다, 참수해야 한다, 아니다, 말꼬리에 매달아야 한다 등 여러 주장이 쏟아져 나왔다. 그때 발버둥 치던 드 로네이가 실수로 군중 가운데 한 사람을 발로 차버렸다. 그러자 누군가가 발에 걸어차인 사람이 소장의 목을 직접 베야 한다고 제안했고, 군중은 곧장 환호했다.

소장의 발에 걸어차인 사람은 실직 상태의 요리사로, 무슨 일이 일어나는지 구경하려고 바스티유로 간 어중이떠중이였다. 그는 중론에 따라 소장을 처단하는 일이 애국적 행동이며, 심지어는 이 괴물을 죽이는 것은 훈장을 받을 만한 일이라고 믿었다. 그는 사람들이 건네준 칼로 소장의 목덜미를 내려쳤다. 하지만 날이 무뎌 목이 잘리지 않자 자신의 주머니에서 검은색 칼자루가 달린 단도를 꺼내 (요리사답게 고기를 능숙하게 손질하는 방법을 알고 있었으므로) 다행히 작업을 완수할 수 있었다.

이 사례만 봐도 앞서 다룬 메커니즘이 분명하게 드러난다. 집단에 속해 있으면 더욱 강력해지는 암시에 복종하고, 살인을 저지르고도 칭송받을 만한 행동을 했다고 굳게 믿는다. 더불어 같은 시민들로부터 만장일치로 지지를 받고 있다는 사실에 이러한 믿음을 더욱 자연스럽게 받아들인다. 법적으로는 범죄로 규정할 수 있는 행위이지만 심리학적으로는 그렇지 않다.

이른바 범죄자 군중에게서 발견되는 일반적인 특성은 사실 다른 모든 군중에게서 나타나는 특성과 정확히 일치한다. 암시에 걸리기 쉽고, 맹신하고, 변덕스러우며, 좋든 나쁘든 감정을 과장해서 표현하고, 어떤 형태로든 도덕성을 드러내는 등 동일한 특성을 공유한다는 뜻이다.

잔혹한 본능은
집단 안에서 최대치로 발현된다

　범죄자 군중의 이 모든 특성들은 프랑스 역사상 가장 참혹한 기억을 남긴 장본인들, 다시 말해 9월 학살을 일으킨 군중에게서도 찾아볼 수 있다. 이들은 성 바르톨로메오 축일의 학살을 자행한 군중과 많은 점에서 유사하다.

　죄수들을 학살해 감옥을 비우라고 명령하거나 제안한 이가 누구인지 아직까지도 정확하게 밝혀지지 않았다. 당통이었을 가능성이 크지만 다른 인물이었을 수도 있다. 하지만 누구였는지는 중요하지 않다. 우리의 관심사는 오직 학살을 저지른 군중이 아주 강력한 암시에 걸렸었다는 사실뿐이다.

　학살에 가담한 군중은 어림잡아 300명 정도였고, 이질적 군중의 완벽한 전형이었다. 극소수의 직업 범죄자들을 제외하면,

대부분이 상점주인이나 구두장이, 열쇠공, 가발 제작자, 벽돌공, 사무원, 중개인 등 다양한 직업에 종사하는 사람들이었다. 암시에 걸린 이들은 앞서 언급한 요리사처럼 자신들이 애국적 사명을 수행한다고 믿어 의심치 않았다. 그래서 자신들은 재판관과 사형 집행인이라는 두 가지 역할을 동시에 해내고 있을 뿐이라고 생각했다. 범죄를 저지르고 있다는 자각은 없었다.

그렇게 군중은 자신들의 의무가 중요하다는 생각에 푹 빠진 채 일종의 법정부터 만들었다. 얼마 지나지 않아 그들의 단순하다 못해 빈약한 사고력과 그에 못지않게 어수룩한 공정성이 그대로 드러났다. 피고인의 수가 워낙 많았던 탓에, 군중은 먼저 귀족, 사제, 장교, 왕의 시종 등 충직한 애국자가 보기에 직업 자체만으로도 유죄가 입증되는 이들을 모두 별도의 재판 없이 한꺼번에 사형에 처하기로 결정했다. 나머지는 외모와 평판에 따라 심판을 받았다. 군중은 이런 식으로 미숙한 양심을 만족시키면서 합법적으로 학살을 자행하고 잔혹한 본능을 마음껏 발산했다. 다른 책에서 그 기원을 다룬 바 있는 이 잔혹한 본능은 집단 안에서 최대치로 발현될 수 있다.

한편 군중에게서 흔히 관찰되는 법칙에 따르면, 잔혹한 본능이 날뛴다고 해서 동시에 터져 나오는 정반대의 감정들을 억누를 수는 없다. 예를 들면 대체로 잔혹성만큼 극단적인 감수성이 동시에 터져 나오기도 한다.

그 후, 다시 나머지 죄수들을 모조리 죽여버렸다. 학살이 벌어지는 동안에도 모두가 한결같이 다정했고 유쾌함을 잃지 않았다. 시체 주위에서 춤추고 노래하며 심지어는 귀족들을 죽이는 장면을 즐겁게 바라보는 '숙녀'들을 위해 긴 의자까지 갖다 놨다. 또한 군중은 계속해서 자신들의 특별한 공정성을 보이기도 했다. 군중 중 한 명이 조금 멀리 떨어져 있는 여성들은 제대로 볼 수조차 없는데 단지 몇 명만 귀족들을 구타하는 즐거움을 누린다고 불만을 토로하자 모두가 이 지적을 타당하다고 받아들였다. 그 다음부터는 희생자들을 두 줄로 늘어서서 학살을 고대하는 군중 사이로 천천히 지나가게 했다. 이때 군중은 칼등만 사용해 매질을 했는데, 고통의 시간을 오랫동안 지속시키기 위해서였다. 라포르스 감옥에서는 희생자들을 발가벗긴 채 30분 간 난도질하다가 모든 사람이 그 장면을 충분히 보고 나면 그들의 배를 갈라 죽였다.

한편 학살자들은 매우 양심적이기도 해서, 앞서 군중에게도 존재한다고 언급했던 도덕성을 드러내기도 했다. 희생자들의 돈과 보석을 따로 챙기지 않고 위원회 탁자에 올려놓던 행동이 대표적인 예다.

이 모든 행동에서 군중의 정신을 특징짓는 미숙한 형태의 이성적 추론을 항상 발견할 수 있다. 1,200명에서 1,500명에 달하는 사람들을 국가의 적으로 간주해 참수한 후, 누군가가 다른 감옥에 수감되어 있는 늙은 비렁뱅이, 부랑자, 어린 죄수들이 실제로 쓸데없이 밥만 축내고 있으니 이참에 이들을 없애버리는 게 좋겠다고 말하자 이 제안은 즉각 받아들여졌다.

그래서 모두가 한꺼번에 살해당했다. 그중에는 열두 살에서 열일곱 살 사이의 청소년 50명도 포함되어 있었다. 이 아이들이 자라 훗날 국가의 적이 될지도 모르니 제거하는 것이 결과적으로 명백한 이득이라고 판단했기 때문이다.

일주일에 걸친 학살이 끝난 뒤에야 학살자들은 비로소 쉬어야겠다는 생각을 떠올릴 수 있었다. 그런 다음, 조국을 위해 지대한 공헌을 했다는 확신을 갖고 당국에 찾아가 포상을 요구했다. 가장 열성적이었던 이들은 훈장을 요구하기까지 했다.

이와 유사한 사건들은 1871년 파리 코뮌 역사에서도 상당수 확인할 수 있다. 군중의 영향력은 점점 커져가고, 그런 군중 앞에 권력기관들이 차례로 굴복한다면, 우리는 분명 앞으로 또 다른 유사한 사례들을 적잖이 목격하게 될 것이다.

3장

중죄재판소의 배심원단

감정에 매우 크게 동요하는
중죄재판소 배심원단

　이 책에서 모든 유형의 배심원단을 다룰 수는 없으므로 가장 중요한 중죄재판소 배심원단만 살펴보도록 하겠다. 이 배심원단은 비익명성 이질적 군중의 흠잡을 데 없는 전형이다. 암시에 잘 걸리고, 무의식적인 감정에 지배당하며, 이성적 추론 능력이 떨어지고, 지도자의 영향력에 크게 좌우되는 등의 특성을 보인다. 중죄재판소 배심원단을 관찰하면서, 군중심리학을 잘 모르는 사람이 저지를 수 있는 오류의 흥미로운 사례들도 함께 알아보도록 하겠다.

　먼저, 배심원단이 내리는 판단을 보면, 군중을 이루는 다양한 개인의 지적 수준은 크게 중요하지 않다는 사실을 확인할 수 있다. 심의회에서 전문성이 전혀 요구되지 않는 문제에 관해 의견을 제시해야 할 때, 구성원의 지적 수준은 사실상 아무런 영향도 미치지 않는다는 점을 이미 확인한 바 있다.

또한 학자나 예술가가 모였다고 하더라도 단지 그 사실 하나만으로는 일반적인 주제에 대해 석공이나 식료품 상인들로 구성된 집단과 현저하게 다른 판단을 내리는 것도 아니다. 과거 다양한 시대에 프랑스 정부는 배심원단을 구성할 사람들을 신중하게 선발했으며, 식견을 갖춘 계층에서 교수, 공무원 등 학식이 높은 인물들을 뽑았다. 오늘날 배심원단은 주로 소상공인, 영세업자 그리고 사무직 직원들 가운데서 모집한다. 그런데 전문가들도 크게 놀란 결과가 나왔다. 통계 자료에 따르면 배심원단의 구성원들이 누구든 그들이 내린 판결은 동일했다. 배심원 제도에 그토록 적대적인 사법관들조차도 이 주장이 정확하다고 인정할 수밖에 없었다.

모든 군중이 그렇듯, 배심원단도 역시 감정에 매우 크게 동요하고, 이성적 추론에는 거의 흔들리지 않는다. 한 변호사는 "배심원단은 아이에게 젖을 물리는 여성이나 고아들이 줄지어 서 있는 모습을 보면 버티지 못한다"고 기록했다. 데 글라주 중죄재판소장은 "매력적인 여성이라면 배심원단의 호의를 얻기에 충분하다"고 말한 바 있다.

배심원은 자신에게도 충분히 일어날 수 있어 보이고, 사회에도 큰 해악을 끼칠 게 분명한 범죄에는 가차 없다. 하지만 이른바 치정 범죄에는 무척 관대한 편이다. 그래서 영아 살해를 저지른 미혼모는 물론, 자신을 유혹한 뒤 버린 남성에게 황산을 살짝 뿌린 젊은 여성에게는 더더욱 엄격한 판결을 내리는 경우가 좀처럼 없다. 이런 범죄는 사회에 그다지 큰 위협이 되지 않는다고 본능적으로 아주 명확하게 느끼고 있기 때문이다. 더구나 버림받은 여성들을 국가가 법으로 보호하지 못하는 이상, 여성들이 저지른 복수 범죄는 남성들에게 경각심을 주어 향후 여성을 농락하지 못하게 하는 효과가 있기 때문에 해롭기보다 오히려 유익하다고 여긴다.

3부_군중의 다양한 유형 분류와 묘사

배심원단에서도 항상 소수가
다수를 이끌기 마련이다

　다른 모든 군중과 마찬가지로, 배심원도 권위에 쉽게 넘어가 버린다. 데 글라주 소장은 매우 민주적으로 구성된 배심원단이라도 귀족적인 것에는 속수무책으로 마음을 빼앗긴다고 정확하게 지적한 바 있다. "이름, 출신, 막대한 재산, 명성, 저명한 변호사 선임 등 피고를 돋보이게 하고, 빛나게 하는 요소들은 피고에게 상당히 유리하게 작용한다."

　그러므로 유능한 변호사라면 반드시 배심원단의 감정에 호소하고, 다른 모든 군중에게 하는 것과 마찬가지로 이성적인 추론은 거의 배제하거나 아니면 아주 단순한 형태로만 이용하도록 신경 써야 한다.

　그렇다고 해서 배심원단 모두를 설득할 필요는 없다. 단지

지도자처럼 중론을 주도하는 핵심 인물들의 마음만 얻으면 된다. 모든 군중이 그렇듯, 배심원단도 항상 소수가 나머지 다수를 이끌기 마련이다. 앞서 인용한 변호사는 이렇게 말했다. "판결을 내릴 때 영향력이 강한 배심원 한두 명만 설득하면 나머지 배심원단의 동의를 얻기에 충분하다는 걸 경험했다."

교묘한 암시로 접근해야 할 대상이 바로 이 두세 명이다. 우선, 무엇보다도 이들 두세 명의 마음을 얻어내야 한다. 이렇게 마음을 빼앗기게 된 군중 속 개인은 거의 설득된 상태나 마찬가지며, 아무 이유나 들이밀어도 훌륭하다며 기꺼이 받아들이는 태도를 보인다.

그럼에도 배심원 제도를
소중하게 지켜내야 하는 이유

여러 작가들, 그중에서도 특히 뛰어난 몇몇이 최근 배심원 제도를 강하게 반대하고 나섰다. 그러나 배심원 제도는 통제할 수 없는 배타적 폐쇄집단이 걸핏하면 저지르는 오류를 막을 수 있는 유일한 안전장치다.

일부 작가들은 오직 식견을 갖춘 계층에서만 배심원을 선출하길 바란다. 하지만 앞서 보았듯이, 그렇게 하더라도 현재의 배심원단과 동일한 판결을 내릴 것이다. 또 다른 작가들은 배심원단이 범하는 오류를 지적하며 배심원 제도를 폐지하고 판사로 대체해야 한다고 주장한다. 하지만 그토록 비난받는 배심원단의 오류가 사실 언제나 판사들로부터 비롯된다는 사실을 어떻게 잊을 수 있단 말인가?

피고가 배심원단 앞에 선 것은 이미 그전에 예심판사, 검사 그리고 기소부 등 다수의 사법관들이 그를 유죄라고 간주했다는 의미다. 따라서 피고가 배심원단 대신 사법관들에게 최종 판결을 받게 된다면 그는 무죄를 인정받을 유일한 기회를 잃게 될 것이다.

배심원단의 오류는 언제나 사법관들이 저지른 오류에서 기인한다. 따라서 유난히 중대한 사법적 오류를 따질 때 비난받아 마땅한 대상은 오직 사법관들뿐이다. 예를 들어 모 의사가 유죄판결을 받은 사건처럼 말이다.

지능에 문제가 있는 한 여성이 30프랑에 낙태시술을 해줬다는 이유로 모 의사를 고발했고, 극도로 편협한 사고를 가진 예심판사는 여성의 주장만 듣고 그를 기소했다. 하지만 그가 기소되었다는 소식에 여론의 분노가 들끓자 국가원수가 나서서 즉각 의사를 사면했다. 그렇지 않았다면 그는 감옥행을 면치 못했을 것이다. 시민들 모두가 입을 모아 그 의사가 얼마나 신망이 두터운지 보증한 덕분에 사법관의 섣부른 판단이 얼마나 명백한 오류였는지 여실히 드러났다. 결국 사법관들도 자신들의 잘못을 시인했다. 하지만 배타적 폐쇄집단답게 연대의식을 드러내며 그 판사의 사면이 승인되지 않도록 가능한 모든 수단을 다 동원했다. 이와 유사한 모든 사건에서 전문적인 세부사항들이 너무 많아 그 무엇도 이해할 수 없는 경우, 배심원단은 모든 복잡한 사안을 다루는 데 능숙한 사법관들이 이미 이 사건을 심리했으리라 생각하며 자연스럽게 검사의 말에 귀를 기울이게 된다.

그렇다면 이제 말해보자. 진정 오류를 범한 장본인은 누구인가? 배심원들인가, 아니면 사법관들인가? 그러니 우리는 배심원 제도를 소중하게 지켜내야 한다. 어쩌면 배심원단은 그 어떤 개인도 대신할 수 없을 유일무이한 유형의 군중일지도 모른다. 모두에게 동등하게 적용해야 한다는 이유로, 무조건 원칙만을 고수하고, 특수한 경우를 고려하지 않는 법의 경직성을 완화할 수 있는 유일한 장치는 배심원 제도뿐이다.

인정사정을 두지 않고 오직 법조문만 따르는 판사는 직업 특유의 경직성으로 인해, 살인을 저지른 강도와 남자에게 버림받고 가난에 시달리다 자신의 아이를 죽인 가엾은 여성에게 똑같은 형을 선고할 것이다. 그러나 배심원단은 여성에게 관용을 베풀어야 마땅하다고 본능적으로 판단한다. 여성을 버린 남자가 법망은 빠져나갔지만 여성보다 죄가 훨씬 크다고 여기기 때문이다.

나는 배타적 폐쇄집단의 심리와 다른 여러 유형의 군중심리가 어떤지 잘 알고 있기에 억울하게 범죄 혐의를 받는다면 그어떤 경우라도 사법관들이 아닌 배심원단에게 판결을 맡기려고 할 것이다. 배심원들로부터는 무죄를 인정받을 가능성이 높지만, 사법관들로부터는 그럴 가능성이 거의 없기 때문이다. 군중의 힘도 무시할 수 없지만 배타적 폐쇄집단의 힘은 훨씬더 위협적이다. 군중은 설득할 여지가 있지만 배타적 폐쇄집단은 절대로 뜻을 굽히지 않기 때문이다.

3부_군중의 다양한 유형 분류와 묘사

4장

유권자 군중

유권자 군중에게서 두드러지는
군중의 특성

　유권자 군중, 즉 특정 공직의 적임자를 선출하도록 소집된 이 집단은 이질적 군중에 해당한다. 그러나 다양한 후보자 중 한 명을 선택한다는 명확히 규정된 목적에 따라서만 행동하므로, 이들에게서는 앞서 설명한 특성 중 일부만 관찰된다.

　유권자 군중에게서 두드러지는 군중의 특성은 다음과 같다. 이성적 추론 능력이 부족하고, 비판정신이 결여되어 있으며, 과민하게 반응하고, 쉽게 믿으며, 단순화하는 경향이 있다. 또한 결정을 내릴 때, 지도자가 큰 영향력을 미치며, 확언, 반복, 위엄 그리고 전염과 같이 앞서 언급한 요인들이 중요한 역할을 한다.

위엄과 감언이설에 휘둘리는
유권자 군중의 마음

    이제부터는 유권자 군중의 마음을 어떻게 사로잡는지 살펴보자. 가장 성공적인 방법이 무엇인지 관찰하다 보면 그들의 심리를 명확하게 추론할 수 있을 것이다.

    후보가 갖춰야 할 첫 번째 조건은 바로 위엄이다. 개인이 타고난 위엄을 대체할 수 있는 것은 오직 재력으로 형성된 위엄뿐이다. 재능과 천재성마저도 성공요인이 아니다. 위엄, 그러니까 어떠한 반론의 여지없이 인정받을 수 있는 능력은 후보자가 반드시 갖춰야 할 중요한 조건이다. 대다수가 노동자와 농민으로 구성된 유권자 군중이 자신들 중에서 대표자를 선출하는 경우는 거의 없다. 자신들과 같은 신분에서 배출된 인물에게서 그 어떤 위엄도 느끼지 못하기 때문이다. 혹시 이들이 자신들과 동등한 사람을 대표로 지명한다면 대체로 부차적인 이유에서다. 예를 들어 유권자가 매일같이 의존할 수밖에 없는 탁월한 인물이나 강력한 고용주를 견제하려는 목적이 있는 경우로, 그러면서 잠시나마 그들 위에 군림하는 환상을 품는다.

물론 위엄이 있다고 해서 후보자가 반드시 당선된다는 보장은 없다. 유권자는 후보자가 자신의 탐욕과 허영을 채워주길 바란다. 그러므로 유권자에게 온갖 터무니없는 감언이설을 퍼부어야 하며, 현실성 없는 약속도 망설임 없이 남발해야 한다. 만약 노동자에게 표를 얻어야 한다면, 고용주를 아무리 모욕하고 비난해도 지나치지 않다. 또한 확언, 반복, 전염을 통해 '상대 후보자가 인간 말종이며, 수많은 범죄를 저질렀다는 사실을 모르는 사람이 없을 정도'라고 널리 퍼뜨려 그를 철저하게 몰락시켜야 한다. 물론 증거는 댈 필요가 없다. 만약 상대 후보자가 군중심리를 잘 모른다면, 단순하게 또 다른 확언으로 맞대응하기보다는 논리적인 주장을 통해 자신의 정당성을 입증하려고 노력할 것이다. 그러나 그렇게 한다면 그가 선거에서 이길 가능성은 완전히 사라지고 만다.

공약을 문서로 남길 때는 너무 단정적인 표현은 삼가야 한다. 그렇지 않으면 차후에 상대 후보자들에게 반박의 빌미를 줄 수도 있다. 하지만 구두로 발표하는 공약이라면 지나치다 싶을 정도로 과해도 상관없다. 대대적인 개혁도 거침없이 약속할 수 있어야 한다. 당장은 과장된 공약으로 큰 반향을 일으키면 그뿐, 나중에는 그 무엇도 책임지지 않아도 된다. 지속적으로 관찰해본 결과, 당선자가 과거 선거활동 당시 자신의 정치적 신념을 밝혀 전폭적인 지지를 얻고, 그 영향으로 선거에서 승리했어도 실제로 유권자는 당선자가 스스로 뱉은 말을 얼마나 충실하게 지켰는지에 대해 굳이 신경 써서 알아보려 하지 않았다.

여기에서 우리는 앞서 살펴본 설득의 모든 요인을 확인할 수 있다. 그리고 이미 강력한 영향력이 입증된 바 있는 단어와 경구의 작용 속에서도 이 요인들을 다시 발견하게 될 것이다. 단어와 경구를 잘 활용할 줄 아는 연사라면 얼마든지 자신이 원하는 방향으로 군중을 끌고 갈 수 있다. 예를 들어 '천박한 자본, 비열한 착취자, 훌륭한 노동자, 부의 사회화' 등의 표현들은 다소 진부해졌지만 여전히 전과 같은 효과를 일으킨다. 그러나 반드시 성공을 거두는 후보자는 의미가 명확하지 않지만 그렇기 때문에 유권자의 다양한 열망에 부응할 수 있는 새로운 경구를 찾아낸 자일 것이다.

이성이라곤 찾아볼 수 없는
선거 관련 집회들

　한편 이성적 추론이 유권자들의 정신에 어떤 영향을 미칠 수 있는지는, 선거 관련 집회 회의록만 읽어봐도 분명하게 알 수 있다. 선거 관련 집회에서는 확언과 욕설, 때로는 주먹다짐까지 오가지만 이성이라곤 전혀 찾아볼 수 없다. 잠시라도 침묵이 내려앉는 순간은 한 까다로운 참석자가 후보자에게 난처한 질문을 하겠다고 선언할 때다. 이런 질문이 나오면 항상 청중은 즐거워한다. 하지만 반대자들이 만족스러워하는 시간은 그리 오랫동안 지속되지 않는다. 질문자의 목소리가 곧 후보자의 지지자들이 내지르는 고함에 묻히기 때문이다.

　이러한 격렬한 논쟁이 특정 사회 계층의 유권자 집단에서만 일어난다거나 유권자의 사회적 상황에 따라 벌어진다고 생각해선 안 된다. 모든 익명의 집단에서의 토론은 그 집단이 설령 오직 학식을 갖춘 사람들로만 구성된 모임이라고 해도 쉽게 비슷한 양상을 띤다.

나는 앞서 군중에 속한 사람들이 정신적으로 평준화되는 경향을 보인다고 설명했고, 우리는 매순간 그 증거를 발견하고 있다. 다음은 오직 학생들로만 구성된 집회의 회의록의 일부로, 신문에서 발췌한 내용이다.

"밤이 깊어질수록 소란은 더욱 커질 뿐이었다. 그 어떤 연사도 말을 끊지 않고 두 문장을 연달아 말할 수 없을 정도였다. 매순간 여기저기서 혹은 모든 곳에서 동시에 함성이 터져 나왔다. 박수치며 환호하거나 휘파람을 불며 야유하는 소리가 들렸다. 다양한 청중 사이에서 격렬한 토론이 시작되었다. 막대기를 휘두르며 위협하기도 하고, 박자에 맞춰 발을 구르기도 했다. 누군가 집회를 방해하면 '꺼져라!'라거나 '연단에 서라!'라는 고함 소리가 뒤따랐다."

"어떤 학생은 협회를 향해 추악하고, 비열하며, 극악무도하고, 천박하고, 돈만 밝히고, 복수심에 가득 찬 단체라고 원색적으로 비난하며, 해체해버리고 싶다고 하는 등 자신의 감정을 쏟아냈다."

이런 조건에서 유권자가 어떻게 자신의 의견을 형성할 수 있는지 의문을 가질 수 있다. 하지만 이렇게 질문하는 것 자체가 집단이 누릴 수 있는 자유의 수준에 대해 이상한 환상을 가지고 있다는 뜻이다.

군중은 의견을 주입당할 뿐, 결코 이성적으로 추론해서 의견을 도출하지 않는다. 이럴 때 유권자의 의견과 표심은 선거위원회의 손에 달려 있다. 이 위원회의 지도자는 노동자들에게 외상을 주며 막강한 영향력을 행사하는 포도주 상인들이 주로 맡는다. 그러므로 후보자가 꽤 괜찮아 보이고, 충분한 재력만 갖추고 있으면 선거위원회를 움직이는 것은 그다지 어려운 일도 아니다. 불랑제 장군의 후원자들이 증언한 바에 따르면, 그를 여러 차례 당선시키는 데는 300만 프랑이면 충분했다고 한다.

이것이 바로 유권자 군중의 심리다. 다른 군중의 심리와 다를 바 없다. 더 낫지도, 더 나쁘지도 않다.

그럼에도 보통선거를
절대 반대하지 않는 이유

　지금까지 살펴본 내용은 다소 부정적이지만, 그럼에도 불구하고 나는 보통선거에 반대하는 어떤 결론도 내리지 않을 것이다. 만약 내게 결정권이 있다면, 군중심리를 연구하며 명확히 도출된 실질적인 이유들을 근거로 보통선거를 지금 그대로 유지할 생각이다. 지금부터 그 이유들을 설명하도록 하겠다.

　물론 보통선거의 단점은 모르는 척 넘어가기에는 너무 명백하다. 피라미드 구조로 예를 들어보겠다. 각 계층은 한 국가를 구성하는 다양한 집단을 나타내며, 아래로 내려갈수록 폭이 넓어지고 인구는 많아지지만 지적 능력은 점점 떨어진다. 문명이 피라미드의 맨 꼭대기에 위치하는 극소수의 뛰어난 지성인들이 만들어낸 작품이라는 것은 부인할 수 없는 사실이다. 따라서 문명의 위대함은 단순히 수적으로만 우세할 뿐, 수준은 낮은 인간들의 표에 결코 흔들리지 않는다. 분명 군중의 표는 대개의 경우 매우 위험하게 작용한다. 프랑스는 군중의 투표로 인해 이미 여러 차례 침략의 고통을 겪어야 했다. 게다가 사회주의가 승리하면서 국민주권이라는 환상이 생겨났고, 이 때문에 우리는 분명 훨씬 더 큰 대가를 치르게 될 것이다. 하지만 신조로 자리 잡은 사상의 불가항력적인 힘을 생각하면, 보통선거에 반대하는 것은 이론적으로는 흠잡을 데 없지만 실제로는 아무런 힘도 발휘하지 못한다. 철학적인 관점에서 볼 때 국민주권이라는 신조는 중세시대의 종교 교리만큼 옹호할 가치가 없지만 오늘날에는 그와 같은 절대적인 힘을 자랑한다.

현대 자유사상가가 어떠한 마법의 힘에 의해 중세시대 한가운데로 떨어졌다고 가정해보자. 그는 당대를 지배하던 종교적 사상의 절대적인 힘을 직접 확인하고도 과연 맞서 싸우려 했을까? 악마와 계약을 맺었다거나 마녀 집회에 참석했다는 혐의를 씌워 자신을 화형시키려 드는 재판관의 손아귀에서 과연 악마와 마녀 집회의 존재를 부인할 엄두라도 낼 수 있을까? 태풍이 불어닥친다고 해서 맞서려고 하지 않듯, 이제 군중의 신념도 더 이상 논쟁하려 해봐야 소용이 없다.

오늘날 '보통선거'라는 신조는 과거 기독교 교리가 누렸던 권력을 가지고 있다. 따라서 모든 종교 교리를 대하는 태도로 보통선거를 대해야 한다. 여기에 영향을 미칠 수 있는 것은 오직 시간뿐이다. 게다가 보통선거에는 겉에서 봤을 때 타당한 명분이 있기에, 이 신조를 흔들려고 시도해봤자 무의미하다. 이에 대해 정치학자 토크빌은 날카롭게 지적했다.

"평등의 시대를 살아가는 인간들은 서로 비슷하기 때문에 서로를 조금도 신뢰하지 않는다. 하지만 서로 비슷하기 때문에 대중의 판단을 거의 무한히 신뢰하기도 한다. 모두가 비슷한 정도로 계몽된 상태에서는 최대 다수의 의견이 곧 진리로 생각될 수밖에 없기 때문이다."

그렇다면 이제 개인의 역량에 따라 선거권을 제한해야만 군중의 투표가 더 나아질 것이라고 가정해봐야 할까? 나는 단 한 순간이라도 그렇게 되리라고 생각해본 적이 없다. 앞서 설명했듯, 모든 집단은 어떻게 구성되어 있건 정신적으로 열등하기 때문이다. 군중 속에서 인간은 항상 평준화되기에, 일반적인 문제들을 표결에 부쳤을 때 고명한 학자 40명이 물지게꾼 40명보다 더 나은 결과를 도출하지도 않는다. 수많은 미지의 요소들이 얽혀 있는 사회문제 앞에서는 결국 모두가 동등하게 무지할 수밖에 없다. 따라서 학문적 지식이 풍부한 사람들로만 선거인단을 조직하더라도 투표 결과가 지금보다 나아지지는 않을 것이다. 이들 역시 자신들의 감정이나 소속 정당의 당론에 따라 투표하기는 마찬가지다. 우리가 현재 겪고 있는 어려움은 전혀 줄어들지 않을 테고, 오히려 배타적 폐쇄집단의 무거운 억압에 더 많이 짓눌릴 게 분명하다.

제한선거든 보통선거든, 공화국에서든 군주국가에서든, 프랑스, 벨기에, 그리스, 포르투갈, 스페인 등 어느 국가에서든 군중이 치르는 선거는 모두 비슷하며, 민족의 무의식적인 열망과 욕구를 반영한다. 그러므로 각 나라에서 선출된 사람들의 평균은 민족의 보편적인 정신을 나타낸다. 세대가 바뀌어도 이러한 경향은 거의 달라지지 않는다. 이렇게 해서 우리는 앞서 여러 번 다뤘던 '민족'이라는 근본적인 개념과 다시금 마주하게 된다. 그리고 이 개념에서 파생된 생각, 즉 '제도와 정부는 국민의 삶에 별다른 역할을 하지 못한다'는 결론으로 되돌아온다. 국민은 무엇보다도 민족의 고유한 정신, 다시 말해 조상으로부터 물려받은 유산의 총합에 따라 움직인다. 그러므로 민족, 그리고 매일같이 굴러가는 톱니바퀴 같은 일상이야말로 우리의 운명을 지배하는 불가사의한 주인인 셈이다.

5장

의회 군중

유권자의 암시에 극도로 취약한
의회 군중

의회는 비익명성의 이질적 군중이다. 시대와 민족에 따라 다양한 방식으로 의원을 선출하지만 많은 부분에서 유사한 특성들을 공유한다. 민족의 영향으로 인해 이 특성들이 약해지거나 과장되기는 해도 아예 발현되지 못하는 것은 아니다. 그리스, 이탈리아, 포르투갈, 스페인, 프랑스, 미국 등 서로 너무나 다른 국가들에서도 의회는 토론과 투표 방식에서 비슷한 양상을 보이고 각 정부에 비슷한 문제가 존재한다.

게다가 의원내각제는 현대 문명사회의 모든 민족이 가장 이상적으로 여기는 정치 제도다. 여기에는 많은 사람이 모이면 특정 주제에 대해 소수보다 더 현명하고 독립적인 결정을 내릴 수 있다는, 심리적으로는 오류가 있을지언정 일반적으로는 널리 받아들여지는 믿음이 담겨 있다.

하지만 의회에서도 군중의 일반적인 특성들이 고스란히 관찰된다. 예를 들면 사고방식이 지나치게 단순하고, 쉽게 흥분하며, 암시에 잘 걸리고, 감정을 과장해서 표출하며, 지도자가 지배적인 영향력을 행사한다. 하지만 의회 군중은 특수하게 구성된 조직인 만큼 일반 군중과는 몇몇 부분에서 차이점을 나타낸다. 이 차이점에 대해서는 곧 살펴보도록 하겠다.

의견이 지나치게 단순화되는 것은 의회의 가장 중요한 특징 중 하나다. 모든 정당, 그중에서도 특히 라틴계 국가의 정당은 가장 복잡한 사회문제를 가장 단순한 추상적 원칙과 모든 경우에 적용 가능한 일반적인 법칙으로 해결하려는 경향을 보인다. 당연히 각 정당마다 원칙은 다르다. 하지만 정당의 구성원들은 군중의 일원이라는 사실만으로, 자신들이 고수하는 원칙의 가치를 부풀리며 극단적인 결과가 도출될 때까지 밀어붙이는 편이다. 이런 이유로 의회는 주로 극단적인 의견들이 동시다발적으로 표출되는 장을 의미한다.

의회에서 의견이 단순화되는 경향을 가장 완벽하게 보여주는 전형은 프랑스 대혁명 시기의 자코뱅당이다. 모두가 독단적이고, 논리만 내세울 뿐, 머릿속이 온통 모호한 일반론으로 가득 차 있던 자코뱅 당원들은 사안들의 개별성은 무시하고 고정된 원칙을 적용하는 데만 몰두했다. 이런 점에서 이들이 대혁명을 헤쳐 나가면서도 정작 그 본질은 이해하지도 못했다는 주장도 일리가 있어 보인다. 실제로 이들은 매우 단순한 신조를 지침으로 삼아 사회를 완전히 재구성하고 정교하게 발전한 문명을 사회가 발달하기 훨씬 이전의 단계로 되돌릴 수 있다고 믿었다. 이 꿈을 실현하기 위해 사용한 방법도 단순하기 그지없었다. 그저 자신들에게 걸림돌이 되는 것을 폭력적으로 파괴할 뿐이었다. 당시 모두가 그랬다. 지롱드당, 산악당, 테르미도르당 등 모든 정당이 같은 생각에 사로잡혀 있었다.

의회 군중은 암시에 극도로 취약하다. 다른 모든 군중과 마찬가지로 의회 군중에게서도 위엄 있는 지도자로부터 암시가 생겨난다. 하지만 의회에서 피암시성은 뚜렷한 한계를 보이는데, 이 부분은 반드시 짚고 넘어갈 필요가 있다.

의회의 각 의원은 지역 혹은 지방의 이해관계가 얽힌 모든 사안에 대해 확고한 의견을 가지고 있어, 절대로 타협하지 않는다. 어떠한 논증을 제시해도 이 의견을 흔들 수는 없다. 보호무역주의나 양조장 허가권처럼 영향력 있는 유권자의 요구와 직결되는 사안에 관해서는 데모스테네스가 와서 설득한다 해도 의원이 의견을 바꿔 다른 데에 투표를 하지는 않을 것이다. 이렇듯 유권자들이 이미 심어놓은 암시는 다른 모든 암시를 무력화하고, 그들의 의견을 절대적으로 고수하게 만들 만큼 강력하다.

내각 총사퇴나 세금 신설 같은 일반적인 사안에 대해서는 매번 입장이 바뀔 수 있기 때문에 지도자의 암시가 영향을 미칠 수 있다. 하지만 그 영향력은 일반 군중에게서처럼 절대적이지는 않다. 각 정당의 지도자들은 대체로 동등한 수준의 영향력을 행사한다. 그러므로 의원들은 상반된 암시 사이에서 어쩔 수 없이 우물쭈물 망설일 수밖에 없다. 한 의원이 15분 간격으로 전혀 다른 의견에 표를 던지거나 법의 취지에 어긋나는 조항을 바로 그 법에 추가하는 모습이 자주 목격되는 이유다. 예를 들면 기업가에게서 노동자를 자유롭게 고용하고 해고할 권리를 박탈한 다음에 다시 해당 조치를 무효화하는 개정안을 통과시키는 식이다.

그렇기 때문에 의회는 회기마다 사안에 따라 확고한 의견을 고수하기도 하고, 때로는 갈피를 잡지 못하고 이리저리 헤매기도 한다. 사실, 일반적인 사안들이 가장 많기 때문에 대체로 머뭇거리며 결단을 내리지 못한다. 즉 그들은 유권자가 두려워 계속 주저하는 것이다. 게다가 유권자가 심어놓은 암시는 의원의 무의식 속에 잠재해 있어 언제나 지도자들의 영향력을 상쇄해버린다. 하지만 수많은 의회 심의의 경우, 의원들이 사전에 의견을 확고하게 정하지 못한 채 참여하기 때문에 결국 지도자가 진정한 주도권을 쥐게 된다.

의회 지도자야말로
의회의 진정한 통치자인 이유

지도자는 집단의 수장이라는 이름으로 모든 국가의 의회에 존재한다. 즉 지도자가 반드시 필요하다는 의미다. 지도자야말로 의회의 진정한 통치자다. 군중을 이룬 개인들에게 지도자는 없어서는 안 될 존재다. 결국 의회 투표는 일반적으로 지도자 격인 극소수 의원들의 의견만 반영한다고 볼 수 있다.

지도자는 대체로 이성적인 추론보다는 위엄을 내세워 영향력을 행사한다. 지도자가 위엄을 잃으면 그의 영향력도 사라진다는 사실이 이러한 경향을 가장 잘 증명한다. 지도자의 위엄은 타고난 것이어서 명성이나 평판과는 무관하다. 지도자가 조국을 위해서든, 소속 정당을 위해서든, 얼마나 헌신했는지 따지기 시작하는 순간, 군중은 곧바로 군중으로서의 특성을 잃고 만다. 군중은 지도자의 위엄에 사로잡혀 복종할 뿐, 이해관계나 감사하는 마음에 의해 움직이지 않기 때문이다.

따라서 범접할 수 없는 위엄을 타고난 지도자는 거의 절대적인 권력을 쥐고 있는 셈이다. 한 유명한 의원은 비록 금융 사건에 연루되어 지난 선거에서 패배했지만 그의 위엄 덕분에 아주 오랫동안 어마어마한 영향력을 행사했다는 사실은 잘 알려져 있다. 그가 가볍게 손짓 한 번만 해도, 장관들이 자리에서 물러났다. 다음은 한 작가가 그의 영향력이 미치는 범위가 얼마나 넓은지 명확하게 기록한 내용이다.

"우리가 실제로 지불해야 할 가격보다 세 배나 더 비싼 값을 치르고 통킹(베트남 북부 송꼬이강 유역 – 옮긴이)을 사들이고, 마다가스카르에서 확고한 기반을 다지지 못하고, 아무런 대책도 없이 니제르 하류의 지배권을 완전히 빼앗기고, 이집트에서 주도권을 상실한 것은 전부 X 때문이다. X의 이론 때문에 우리는 나폴레옹 1세가 참패했을 때보다 더 많은 영토를 잃고 말았다."

그렇지만 이 지도자를 지나치게 원망할 필요는 없다. 물론 그로 인해 우리가 값비싼 대가를 치른 것은 명백한 사실이다. 하지만 그의 영향력은 대부분 여론으로부터 비롯된 것이다. 식민지 문제와 관련해 당시의 여론은 오늘날과는 완전히 달랐고 그는 여론을 충실히 따랐을 뿐이다. 실제로 지도자가 여론을 뒤로하고 앞서나가는 경우는 드물다. 대체로 여론을 따라가는 정도에서 그치며 그 안에 담긴 모든 오류까지 끌어안는다.

지도자가 군중을 설득하는 수단으로는 위엄 외에도 앞서 여러 차례 살펴본 요인들이 있다. 이러한 요인들을 능수능란하게 다루려면 지도자는 적어도 무의식적으로라도 군중의 심리를 꿰뚫고 군중에게 어떻게 말을 건네야 하는지를 알고 있어야 한다.

무엇보다도 단어, 경구, 이미지가 군중에게 매력적으로 작용한다는 사실을 인지하는 것이 필수적이다. 논리를 증명할 증거 없이도 강력하게 확언하면서 아주 간결한 추론으로 뒷받침된 인상적인 이미지를 활용하는 방식의 특별한 설득력을 갖춰야 한다. 이러한 유형의 연설은 가장 절제된 의회로 여겨지는 영국 의회를 포함한 모든 의회에서 들어볼 수 있다.

영국인 철학자인 메인은 다음과 같이 말했다.

"하원 의회에서 있었던 토론 기록을 꾸준히 읽어보면, 빈약한 일반론과 과격한 인신공격을 주고받은 게 전부다. 그러나 빈약한 일반론에서 나온 표현들은 순수 민주주의라는 환상이 만들어지는 데 엄청난 영향을 미친다. 일반적인 주장을 강렬한 표현들로 포장하면 군중은 언제나 쉽게 받아들일 것이다. 어차피 군중은 단 한 번도 이러한 주장을 검증하려 한 적도 없고, 앞으로도 그럴 테니 상관없다."

메인이 언급한 '강렬한 표현'의 중요성은 아무리 강조해도 지나치지 않다. 우리는 단어와 경구가 지닌 특별한 힘을 이미 여러 번 확인했다. 따라서 무엇보다도 생생한 이미지를 떠올리게 하는 단어와 경구를 선택해야 한다.

프랑스 의회 지도자 중 한 명의 연설에서 인용한 다음 문장은 이 점을 잘 보여주는 적절한 사례다.

"한 배를 타고 열병이 들끓는 유형지로 추방당하는 날, 부패한 정치인과 살인을 저지른 무정부주의자, 이 둘은 아마 대화를 나누게 될 겁니다. 그러다가 자신들이 사실은 동일한 사회 질서 속에서 서로를 보완하는 위치에 있는 두 가지 축이라는 사실을 깨닫게 되겠죠."

이 연설에서 연상되는 이미지가 너무나 생생해서 반대파 의원들은 위협을 느낄 정도였다. 모두가 동시에 열병이 들끓는 유형지, 그곳으로 자신들을 싣고 갈지도 모르는 배를 떠올린다. 어쩌면 자신들도 위협받고 있는 정치인이라는, 다소 모호하게 정의된 범주에 속해 있지는 않을까? 이들은 국민의회 의원들이 느꼈을 법한 막연한 두려움을 경험한다. 로베스피에르의 모호한 연설을 듣던 이들이 느끼던 단두대의 칼날에 자신들의 목이 달아날지도 모른다는 암암리의 두려움, 그래서 그에게 굴복할 수밖에 없게 만들었던 그 두려움 말이다.

지도자들이 터무니없는 과장을 쏟아내는 이유는 그들에게 확실히 도움이 되기 때문이다. 앞서 인용한 연설가는 은행업자와 성직자가 폭탄 테러범을 매수했다거나 거대 금융 기업의 경영자들이 무정부주의자들과 똑같은 형벌을 받아야 한다고 주장했어도 크게 논란이 되지 않았다. 이런 식의 확언은 언제나 군중에게 잘 통한다.

확언은 아무리 격렬해도 지나치지 않고, 연설은 아무리 위협적이어도 과하지 않다. 청중을 압도하는 데 이보다 더 효과적인 것은 없다. 이의를 제기했다가 배신자나 공모자로 몰리는 것을 두려워하기 때문이다.

방금 말했다시피, 청중을 설득하는 특별한 기술은 모든 의회에서 늘 영향력을 발휘해왔다. 그리고 위기 상황에서는 효과가 더욱 두드러진다. 이러한 점에서 프랑스 대혁명 당시 의회 구성원이었던 위대한 연설가들의 연설을 읽어보면 매우 흥미롭다. 이들은 매 순간 연설을 멈추고 범죄를 규탄하고 미덕을 찬양해야 한다고 생각했다. 그런 다음 폭군에게 저주를 퍼붓고,

"자유로운 삶이 아니면 죽음을 택할 것이다"라고 맹세했다. 청중은 열렬히 기립 박수를 보내다 흥분이 가라앉으면 다시 자리에 앉았다.

간혹 지적이고 학식이 풍부한 사람이 지도자가 되기도 한다. 하지만 일반적으로 이런 조건은 이롭기보다는 해로울 때가 더 많다. 지성은 복잡한 문제를 있는 그대로 드러내고 상황을 설명하며 이해시키려 하기 때문에, 사명을 지닌 지도자가 필수적으로 가져야 할 강력하고도 과격한 신념을 크게 약화시키고 관용을 불러일으킨다.

프랑스 혁명을 비롯한 모든 시대의 위대한 지도자들은 안타까울 정도로 편협했다. 하지만 사실 가장 막강한 영향력을 발휘했던 지도자들은 바로 가장 편협한 자들이었다. 위엄을 지닌 사람이 강력한 신념과 지극히 편협한 정신을 겸비했을 때 어떤 권력을 쥐게 되는지 생각해보면 소름이 끼칠 때가 있다. 하지만 이러한 조건이 충족되어야만 모든 장애물에도 아랑곳 하지 않고 원하는 바를 이룰 수 있다. 군중은 확고한 신념을 가지고 활력 넘치게 활동하는 사람들 안에서 자신들에게 필요한 지도자를 본능적으로 알아본다.

의회에서 연설의 성공 여부는 거의 전적으로 연사가 지닌 위엄에 달려 있다고 해도 과언이 아니다. 그가 어떤 논리를 제시하는지는 전혀 상관이 없다. 어떤 연유로든 위엄을 잃으면 연사는 곧바로 모든 영향력, 즉 자신의 뜻대로 표심을 좌우할 힘을 상실하게 된다는 사실이 가장 확실한 증거다.

의회가 특정 수준을 넘어
흥분 상태에 이르면

의회가 특정 수준을 넘어 흥분 상태에 이르면 일반적인 이질적 군중과 똑같아진다. 결과적으로 그들의 감정은 항상 극단적이라는 특성을 드러낸다. 위대한 뜻을 품고 영웅적인 행동에 나서는가 하면, 최악의 과오를 저지르기도 한다. 개인은 더 이상 자기 자신이 아니다. 자신의 이익과는 가장 반대되는 조치에 기꺼이 표를 던질 정도로 본성을 잃어버린다.

프랑스 대혁명의 역사는 의회 군중이 얼마나 무의식적으로 행동하는지, 그로 인해 자신들에 이익과 완전히 반대되는 암시에 얼마나 쉽게 끌려다니는지 잘 보여준다. 당시의 귀족들에게 있어 특권을 포기한다는 것은 엄청난 희생이었다. 그러나 대혁명 당시 그 유명한 입헌 의회가 진행된 날 밤에 그들은 한 치의 망설임 없이 자신들의 특권을 내려놨다. 국민공회 의원들은 면책특권을 포기하면 끊임없이 목숨을 위협받을 게 분명했지만, 그럼에도 불구하고 그렇게 했다. 더군다나 오늘 동료들을 보낸 단두대에 내일은 자신들이 오를 수 있다는 사실을 잘 알고 있으면서도 서로를 숙청하는 데 거리낌이 없었다.

하지만 앞서 묘사했던 대로, 결국 그들은 완전히 기계적으로 반응하는 상태에 이르렀다. 따라서 어떤 이유로도 그들이 암시에 빠져 굴복하는 것을 막을 수 없었다.

그들 중 한 사람이었던 비요바렌 의원의 회고록에서 발췌한 다음 구절은 이 상태를 완벽하게 묘사한다. "우리가 내린 결정에 엄청난 비난이 쏟아졌지만, 이틀 전, 아니 하루 전만 해도 우리의 의도는 그게 아니었다. 단지 위기 상황이라 어쩔 수 없었을 뿐이다." 이보다 더 정확한 설명은 없을 것이다.

그럼에도 의회는 아직까진
최선의 정치 제도이다

　다행히도 지금까지 살펴본 의회의 모든 특성이 항상 나타나는 것은 아니다. 의회는 특정 순간에만 군중이 된다. 의회를 구성하는 개인들은 대부분 각자의 독자성을 유지한다. 그렇기 때문에 의회가 고도로 전문적인 법안을 고안해낼 수 있는 것이다.

　물론 이러한 법안은 한 전문가가 조용한 집무실에서 준비한 결과물이다. 그래서 가결되는 법은 사실상 개인의 작품이지, 의회의 작품이 아니다. 당연히 이런 법안들이 가장 우수하다. 서투른 수정이 여러 차례 덧대져 결국 집단의 작품이 되어버리면 참담할 정도로 수준이 확 떨어진다. 독립적인 개인의 작품과 비교했을 때 군중의 작품은 언제 어디서든 부족한 점이 두드러진다.

3부_군중의 다양한 유형 분류와 묘사

의회가 지나치게 무질서하고 미숙한 대책들을 내리지 못하도록 막아주는 건 바로 전문가들이다. 이때 전문가는 일시적으로 지도자가 된다. 의회는 전문가에게 영향을 미치지 못하지만 전문가는 의회를 좌지우지할 수 있다.

운영 과정에서 이런저런 어려움이 따르기는 해도, 의회는 국민들이 통치자를 직접 뽑기 위해, 그리고 무엇보다도 개인 독재의 억압에서 벗어나기 위해 찾아낸 최선의 정치 제도로, 아직까지 이보다 나은 대안은 없다. 의회는 적어도 철학자, 사상가, 작가, 예술가, 학자 등 한마디로 문명사회의 정점을 이루는 이들에게는 이상적인 정치 체제다.

사실 의회가 초래할 수 있는 심각한 위험은 두 가지뿐이다. 하나는 부득이하게 재정을 낭비하는 것이고, 다른 하나는 개인의 자유를 점진적으로 제한하는 것이다.

첫 번째 위험은 유권자 군중의 요구와 무계획성에 따른 어쩔 수 없는 결과다. 이를테면 한 의원이 모든 노동자에게 연금을 보장하거나, 도로 작업 인부나 교사의 급여를 인상해주는 등 민주주의 사상을 명백히 충족시키는 조치를 제안한다고 가정해보자. 그러면 다른 의원들은 유권자들은 두려운 존재라는 암시에 사로잡힌 탓에 이 조치가 국가 재정에 큰 부담이 되고, 새로운 세금을 신설해야 한다는 사실을 잘 알면서도 유권자들의 이익을 무시하는 듯한 인상을 줄까봐 감히 반대하지 못할 것이다. 표결을 할 때 망설일 수도 없다. 지출 증가로 인한 문제는 먼 훗날의 일이어서 당장은 곤란한 상황을 피할 수 있겠지만, 반대표를 던진다면 유권자 앞에 서야 하는 다음번 선거 때 그 결과를 바로 확인하게 될 테니 말이다.

이밖에도 재정지출을 늘리는 또 다른 원인이 있다. 바로 순전히 지역의 이익을 위해서라면 모든 지출을 승인해야 하는 강제적인 의무가 그 원인이다. 의원이라면 이러한 지출에 반대할 수 없다. 유권자의 요구를 반영할 뿐만 아니라, 동료 의원의 비슷한 요구를 들어줘야만 자신의 지역구에 필요한 지원을 얻을 수 있기 때문이다.

두 번째 위험, 즉 의회가 불가피하게 개인의 자유를 제한하게 되는 상황은 겉으로는 잘 드러나지 않지만 상당히 현실적인 문제다. 의회가 빈약하기 그지없는 사고력으로 어떤 결과를 초래할지 제대로 예측하지도 못한 채 의무감에 사로잡혀 무수히 많은 규제 법안들을 통과시킨 결과다.

개인의 자유 제한은 어쩔 수 없는 문제다. 유권자로부터 가장 독립적인 체제를 자랑하며, 의회제도의 가장 이상적인 사례로 꼽히는 영국조차도 이 문제에서 완전히 자유롭지 못하다. 영국 철학자 허버트 스펜서는 이미 오래 전에 자신의 저서에서 표면적인 자유가 늘어날수록 실질적인 자유는 축소될 수밖에 없다고 설명했다. 그는 최근에 발표한 저서 『개인 대 국가 The Man Versus The State』에서도 같은 주제를 다루며 영국 의회에 대해 다음과 같이 말했다.

"그 시기부터 입법은 내가 앞서 예견했던 방향으로 흘러갔다. 독재적 성격의 조치들이 빠르게 늘어나면서 지속적으로 개인의 자유를 제한하려는 경향을 드러냈다. 이는 두 가지 방식으로 이루어졌다. 첫째, 매년 점점 더 많은 규제가 제정되면서, 이전까지 완전히 자유로웠던 시민의 행동에 제약이 가해지기 시작했다. 그 결과, 시민들은 과거에 자유 의지로 선택할 수 있었던 행동을 이제는 강제로 수행할 수밖에 없게 되었다. 둘째, 납세자의 국세 부담, 특히 지방세가 증가하면서 가처분 소득은 줄어든 반면 국가가 징수해서 공공기관이 지출하는 비중은 늘어나 결국 개인의 자유를 더욱 제한하는 결과를 가져왔다."

허버트 스펜서는 개인의 자유를 점진적으로 제한하는 현상의 형태에 대해서는 언급하지 않았지만 모든 국가에서 독특한 형태로 나타난다. 일반적으로 자유를 규제하는 법률이 많이 제정되면 집행을 담당하는 공무원의 수가 늘고, 그러면 필연적으로 이들의 권력과 영향력이 커지게 된다. 즉 점차 공무원들이 문명화된 국가의 진정한 지배자가 되어간다. 그리고 이들의 권력은 더욱 막강해진다. 오직 배타적이고 폐쇄적인 행정 관료 집단만이 끊임없이 변화하는 권력 구조 안에서 권력 교체의 영향을 받지 않고 면책성, 비개인성 그리고 영속성을 누릴 수 있기 때문이다. 모든 독재체제 중에서도 앞서 언급한 세 가지 특성이 동시에 나타나는 형태만큼 가혹한 체제는 없다.

지나치게 복잡한 절차로 일상의 사소한 행위까지 얽어매는 규제적 성격의 법과 규칙이 끊임없이 제정되면 시민들이 자유롭게 움직일 수 있는 영역은 불가피하게 줄어들 수밖에 없다. 국민들은 법이 더 많이 늘어날수록 평등과 자유가 보장되리라는 환상에 빠져 날마다 더욱 조여오는 족쇄를 그저 받아들이고 있다.

하지만 이처럼 무력하게 체념해버리면 결국 문제가 생길 수밖에 없다. 모든 속박을 견디는 데 익숙해지면 마침내 스스로 속박을 간청하게 되고, 점차 모든 자발성과 활력을 잃게 된다. 그러다 보면 의지도, 저항할 마음도, 힘도 없는 텅 빈 그림자이자 수동적인 꼭두각시가 될 뿐이다.

더 이상 자신 안에서 원동력을 찾을 수 없다면 결국 외부에서 구할 수밖에 없다. 시민이 무관심해지고 무기력해질수록 정부의 역할은 더욱 커지기 마련이다. 개인이 진취성, 도전정신 그리고 지도력을 발휘하지 못한다면 그 역할은 이제 정부가 맡아야 한다. 정부는 모든 것을 주도하고, 통솔하고, 보호해야 한다. 이렇게 국가는 전지전능한 신이 된다. 하지만 경험을 통해 알고 있듯, 이러한 신들의 권력은 오래 지속된 적도, 강력했던 적도 없다.

허울뿐인 자유는 일부 민족들에게 진정 자유롭다는 착각을 심어준다. 하지만 실제로는 모든 자유가 조금씩 제한되고 있다. 이러한 현상은 국가의 체제만큼이나 국가 자체가 노쇠한 결과라고 볼 수 있다. 자유를 제한하는 조치는 지금까지 어떤 문명도 피해갈 수 없었던 쇠퇴기의 여러 전조 증상 중 하나다. 과거에서 배운 교훈과 사방에서 나타나는 징후들을 보면, 다수의 현대 문명이 쇠퇴기 직전의 마지막 노쇠 단계에 접어들었다고 판단할 수 있다. 역사에서 수도 없이 반복된 과정인 만큼, 이 단계는 모든 민족에게 피할 수 없는 운명처럼 보인다.

문명이 일반적으로 어떤 진화 단계를 거치는지 간략하게 정리하는 것은 어려운 일이 아니므로, 이 단계들을 요약하면서 이 책을 마무리하고자 한다. 우리보다 앞선 문명들의 흥망성쇠를 큰 틀에서 살펴본다면 과연 무엇을 발견할 수 있을까?

문명의 여명기에는 세계 각지에 흩어져 있던 다양한 출신의 사람들이 이주, 침략, 정복을 계기로 우연히 한데 모인다. 혈통, 언어, 신념이 제각각인 이들을 이어주는 유일한 연결고리는 아직 온전히 인정받지 못한 우두머리가 내세운 법칙뿐이다. 군중 심리의 특성들은 이렇게 혼란스러운 무리에서 가장 뚜렷하게 나타난다. 무리는 일시적인 결속력, 영웅적 행동, 나약함, 충동 그리고 폭력성을 지닌다. 하지만 그 안에서 그 무엇도 지속되지 않는다. 아직까지 이들은 야만인과 다를 바 없다.

그러고 나면 시간이 제 할 일을 한다. 동일한 환경 속에서 교류가 반복되면서 점차 공동생활의 필요성을 느끼게 된다. 이처럼 서로 다른 개체들이 모이면 점차 융합되어 하나의 민족, 즉 공통된 특성과 감정을 공유하는 집단을 형성하기 시작한다. 이러한 특성과 감정은 대대로 전해지며 점점 더 고착화된다. 이렇게 군중은 하나의 민족으로 발전하면서 야만에서 벗어날 수 있게 된다.

그러나 오랫동안 노력을 기울이고, 끊임없이 반복해서 투쟁하며, 수도 없이 무너지고 다시 시작하는 과정을 되풀이해 이상을 획득한 후에야 비로소 야만 상태에서 완전히 빠져나올 수 있다. 이상의 본질이 무엇인지는 중요하지 않다. 로마 제국을 숭배하든, 아테네의 힘을 추구하든, 알라의 승리를 갈망하든, 이제 막 꿈틀거리기 시작한 민족의 모든 구성원이 완전히 동일한 감정과 사상을 느낄 수 있다면 충분하다.

그리하여 제도, 신념 그리고 예술을 기반으로 새로운 문명이 탄생한다. 민족은 자신들의 이상을 좇아 문명을 찬란하고 강력하며 위대하게 만드는 데 필요한 모든 것을 단계적으로 갖추게 될 것이다. 물론 민족도 특정 순간에는 여전히 군중의 모습을 보일 수도 있다. 하지만 그때조차도 변화무쌍한 군중의 특성 너머에는 민족정신, 즉 민족이 겪는 혼란을 일정한 범위 안에서 통제하고 불확실성을 조정하는 견고한 기반이 자리 잡고 있을 것이다.

하지만 시간은 창조 활동을 끝마치고 나면 이제 어떤 신도, 어떤 인간도 피할 수 없는 파괴의 작업을 시작한다. 문명은 어느 정도 수준의 힘을 갖추고 복잡한 체제를 이루면, 성장을 멈춘다. 성장이 멈추는 순간, 쇠퇴라는 피할 수 없는 운명을 마주하게 된다. 종소리가 울려 노쇠의 시작을 알리는 듯하다.

문명이 결코 피해갈 수 없는 이 순간은 언제나 민족정신을 지탱하던 이상이 약화되면서 시작된다. 이상이 희미해질수록 이를 기반으로 세워진 종교, 정치, 사회 구조물 전부가 흔들리기 시작한다. 이상이 점차 사라지면서 민족은 그들을 하나로 묶고 결속시키며 강하게 만들었던 요소들을 하나씩 잃어간다.

이 시기에도 개인은 여전히 인격과 지성을 갈고닦아 성장할 수 있지만 민족의 집단 이기주의는 지나치게 발달한 개인 이기주의로 대체된다. 이와 함께 민족성은 쇠퇴하고, 실행력도 약해진다. 하나의 민족, 단일한 집단, 단단한 결속체를 이루었던 것이 결국에는 결속력을 잃고 흩어진 개인들의 집합으로 전락하고 만다. 전통과 제도가 인위적으로라도 잠시 동안만 마지막 순간을 유예시킬 뿐이다. 그리하여 각자의 이익과 열망에 따라 분열된 사람들은 방향을 잃고 사소한 행동까지도 지시받기를 원하게 된다. 이때 국가는 모든 것을 삼키는 압도적인 영향력을 행사하기 시작한다.

과거의 이상을 완전히 잃어버린 민족은 결국 민족정신을 완전히 상실하게 된다. 이제는 다수의 독립적인 개인들이 모인 단순한 집합일 뿐이다. 이로써 군중이라는 출발점으로 되돌아온 셈이다. 그러면 이들은 일관성도 없고 미래도 없는 군중의 일시적인 특성을 모두 지니게 된다. 문명도 더는 안정적이지 않아 모든 우연에 이리저리 흔들린다. 평민이 왕 노릇을 하고, 야만인들이 앞서나간다. 문명은 오랜 역사가 만들어낸 외형 덕분에 여전히 찬란해 보일 수도 있다. 하지만 실상은 더 이상 지탱할 기반이 없어 폭풍우가 불어닥치면 무너져내릴 낡아빠진 건물에 지나지 않는다.

꿈을 좇아 야만에서 문명으로 나아가고, 꿈이 힘을 잃으면 쇠퇴하기 시작해 결국 몰락하는 것! 바로 이것이 한 민족이 생겼다가 사라지는 순환 과정이다.

■ **독자 여러분의 소중한 원고를 기다립니다** ──────────────

메이트북스는 독자 여러분의 소중한 원고를 기다리고 있습니다. 집필을 끝냈거나 집필중인 원고가 있으신 분은 khg0109@hanmail.net으로 원고의 간단한 기획의도와 개요, 연락처 등과 함께 보내주시면 최대한 빨리 검토한 후에 연락드리겠습니다. 머뭇거리지 마시고 언제라도 메이트북스의 문을 두드리시면 반갑게 맞이하겠습니다.

■ **메이트북스 SNS는 보물창고입니다** ──────────────

메이트북스 홈페이지 matebooks.co.kr

홈페이지에 회원가입을 하시면 신속한 도서정보 및 출간도서에는 없는 미공개 원고를 보실 수 있습니다.

메이트북스 유튜브 bit.ly/2qXrcUb

활발하게 업로드되는 저자의 인터뷰, 책 소개 동영상을 통해 책에서는 접할 수 없었던 입체적인 정보들을 경험하실 수 있습니다.

메이트북스 블로그 blog.naver.com/1n1media

1분 전문가 칼럼, 화제의 책, 화제의 동영상 등 독자 여러분을 위해 다양한 콘텐츠를 매일 올리고 있습니다.

메이트북스 네이버 포스트 post.naver.com/1n1media

도서 내용을 재구성해 만든 블로그형, 카드뉴스형 포스트를 통해 유익하고 통찰력 있는 정보들을 경험하실 수 있습니다.

STEP 1. 네이버 검색창 옆의 카메라 모양 아이콘을 누르세요.　　STEP 2. 스마트렌즈를 통해 각 QR코드를 스캔하시면 됩니다.
STEP 3. 팝업창을 누르시면 메이트북스의 SNS가 나옵니다.